海賊王的哲學課

冀劍制 ◇ 著

現在才是正式開始！

　　這本書初版至今已過了八年，《海賊王》的故事仍繼續訴說著。然而，此時此刻，作者拋出了一句不得了的話：「海賊王的故事要正式開始了！」許多人紛紛提出質疑，「這二十多年來我們到底看了什麼？」從我的角度來說，「這本書到底寫了什麼？」

　　這些質疑當然都是玩笑話。作者這句話其實並不難理解，整個《海賊王》故事的進展一直是在謎團中進行著，像是很重要的「D 的意志」以及過去的真實歷史究竟是什麼等等，作者預告雲霧即將散開，我們將看清整個故事原貌，並讓故事走向終點。

　　無庸置疑，這是一個好的故事。藉著這個故事的例子，也讓哲學思想能在更生動有趣的情境下展開。很高興這本書讓許多原本對哲學沒興趣的人開始接觸哲學，甚至覺得用哲學角度思考還挺有趣的。

　　當年在寫這本書時，倒是沒想到這個用途，而只是想讓我的哲學課更有趣味，以及更重要的，我想推廣實踐哲學，讓課堂不要只是閱讀學習，也可以走出去，用行動追求成長。

　　這本書在 2014 年出版之後，我隨即在華梵大學哲學系開了一門「海賊王哲學」。課程的期中考，要學生去做一件「自認為該做但卻因恐懼而不敢做的冒險。」這是一個培養勇氣的實踐哲學課程。

　　所以我會在課程剛開始時跟每一位學生細談，尋找適合他們的期中考挑戰。例如，有一位同學對吊橋恐懼，所以我給的建議是多走吊橋，走個一百次，當作期中冒險，看能不能克服。就算不能也沒關係，因為，「勇氣並非無懼，而是即使感到害怕，只要理性上認為該做也一樣勇往直前。」這種練習的目的不只是針對吊橋的恐懼，而是培養一種勇於面對恐懼的德性。

　　在各種冒險中，印象最深刻的是有位同學一直很想跟過去曾經交惡後不再往來的兒時玩伴重修舊好，但多年來由於害怕被拒絕，一直不敢主動聯繫。經過討論後，她決定要冒險一試，就算失敗了，至少也完成了期中考任務。當她透過臉書主動傳訊息的當下，這位昔日好友正好有事出國，一個人孤獨地在夜深人靜的旅館裡看著臉書，收到訊息的當下，內心澎湃不已。於是她們一聊就聊了好幾個小時，也了解對方原來也一直想跟她重修舊好的心境。這是一個運用勇氣去冒險而非常成功的案例。

　　有些同學找不到（或還不願意嘗試）這類需要勇氣冒險的明確任務，我就請他們來一趟「一個人的旅行」，並記錄下旅行的

各種經歷與心境。但也有學生對外出有很大的恐懼，一個人的旅行難度太高，平時除了搭捷運與轉公車到學校之外，幾乎是不出門的。經過討論之後，我建議他做一個捷運之旅，試著搭不同捷運到不同站，並稍微出站走走。到達越多地方，成績越高。這也成為他人生中的第一場冒險。

當然，也有同學覺得一個人的旅行太簡單，根本說不上是一種冒險。這時我通常會要他們自己提出一個適合的方案。基本上只要不是冒著人生安全的危險，而是面對內心恐懼的挑戰，都是適合的。

這些年來陸陸續續有些畢業同學表示，這門強調夢想、勇氣與冒險的課程對他們產生了巨大的影響，因而走向不同的人生方向。雖然成果看似不錯，但上這門課程其實滿累人的，需要跟每位修課學生花不少時間細談冒險方案、實施方式、以及在過程中所遇到的困難、心路轉折，以及最終成果。而且這些學生最好是原本就認識的系上同學，太過陌生時缺乏信任感，很難深談內心真正的恐懼。所以，到目前為止的八年間我也只開過兩次課，而且都開在哲學系。

由於目前本校哲學系已經停招，我的教學重心也轉到沒有大學部學生的東方人文思想研究所，未來再開的可能性就不太高

了。若要開在通識課裡，可能需要把冒險部分拿掉，變成只有哲
學理論與動漫故事的結合，雖然也會是個有趣的課程，但打折後
的課程對我而言興致就沒這麼大了。所以，這門課大概已成歷
史。但若有其他老師在不同地方，有興趣、也有適當的環境想要
開設類似課程，非常歡迎跟我交流，讓類似的實踐哲學課程在不
同的地方復活，讓學子們藉此培養面對恐懼的勇氣，活出屬於自
己的冒險故事。

　　相隔八年，《海賊王》故事已經進化了，本書藉此次新版的
機會，也將跟著進化。加入新的劇情，以及修改過時的描述。雖
然核心思想基本上沒有什麼改變，內容需要更改的地方也不多，
但至少，期待這本書是個跟得上時代最新腳步的著作。

冀劍制

2022 於炎炎夏日的華梵大學薈萃樓

在我看過的所有動漫中，它是最棒的！

　　哲學，是一種深度的思考。搭上哲學的專車，可以進入許多人們看不見的世界。

　　很多年前的某一天，我在一個娃娃機中順手夾起幾個玩偶，拿回家裡，姪女喊了他們的名字：「喬巴！還有魯夫！叔叔，你也喜歡海賊王喔？」這是我第一次聽到這些名字。我那時不知道，原來這幾個人物已經紅透半邊天了。

　　過了幾年，或許是工作太過勞累，身體有點吃不消，我決定開始修養一陣子，暫時不做什麼學術研究了。就在這段時間裡，聽到學生談起《海賊王》的故事，並說，那是有史以來最棒的動漫。由於我從小就愛看漫畫與卡通，而且這個興趣並沒有隨著年紀變大而改變。於是，在半信半疑的情況下，又剛好閒來無事，我打算親自體驗看看，這個傳說中的故事是否真有如此魅力。

　　看了幾集動畫之後，我就已經深刻體會到，的確，至少在我看過的所有作品中，它是最棒的。而且，我隱隱感覺到，作者還把許多很有趣的哲學理念，灌輸到整個故事裡，甚至到人物的性

格裡面。尤其看到「黑鬍子」這個角色出現時，雖然他算是個反派角色，但在我的大腦裡，揮不去尼采筆下象徵狂醉美學的酒神戴奧尼索斯，彷彿藉由黑鬍子的賊笑聲，喚醒了戴奧尼索斯的靈魂。

我不確定作者是不是真有這樣的意圖，還是因為我念哲學，所以容易套用哲學去看它。然而，不管答案是哪一個，我認為都很值得把這樣的哲學觀點寫下來，跟其他愛好者分享。

但是，想歸想，真要去做還需有頗大的動力。於是，在這三、四年裡，我也只是有這念頭，但沒去實踐，畢竟，我還挺忙的，不是嗎？（雖然我總是看起來一副很閒的樣子。）

有一天，有人在臉書上轉貼一則新聞，說某某大學開了一門跟日本動漫相關的課程，然後修課學生大爆滿。雖然我對「修課學生大爆滿」這件事情不感興趣（我比較喜歡上可以一起討論問題的小班課程），但我還是在臉書上回應了一個小玩笑：「我也來開一門會大爆滿的海賊王哲學好了。」想不到這句玩笑話引起了華梵大學人文教育研究中心助理陳思穎的注意，隔天她打電話給我，邀我把這門課開在通識課程裡面。又隔天，我遇見課務組劉光哲組長，他也鼓勵我說，如果我開這門課，他會去請公關室找記者來採訪。

事實上，他們提議的這兩件事我都不喜歡，而且也都立刻拒絕了。但是，我還是被他們的熱情所打動，於是我認真的想了一想，真的可以開這樣的課嗎？這樣的課可以變成一堂有價值的課程嗎？或許，可以試試看吧！於是，我打算先寫一些講稿看看，如果寫得出來，或許可以進一步設計成一個有趣的課程。

　　當我跟啟動文化趙總編輯談到這件事時，他也很感興趣，樂於協助。不管能不能開這樣的課程，反正先寫了還是可以先出版再說。於是，我就開始嘗試把在海賊王的世界裡所看見的哲學觀點，一個一個寫下來，希望能和其他喜歡《海賊王》故事的人分享一些不同的思考角度。如果可能，說不定還可以改編成一個有趣的課程呢。

　　在寫作過程中，有段時間眼睛不適，或許是長時間使用電腦的關係，於是，我改用手寫，在這期間，感謝華梵大學哲學系學生鄒杰叡、劉晏慈，以及林佳諭協助打字，讓這本書在醞釀期間，減少了許多的阻力。

　　另外，許多知道我在寫這本書的同學們，也表達了極大的興趣，並且關注我的進度，這些都是讓我更願意花時間與精神去實現這個夢想的動力。因為，有些觀點真的很不容易寫出來，若沒有一些堅持與一定要完成的信念，常常就會耗在某個地方停滯不

前。感謝這些生命中的助力，不斷在身旁給我力量，創造有趣的
事物。

我自己很喜歡這本書，希望你也會喜歡。

冀劍制

2014 於春雨綿綿霧色中的華梵大學薈萃樓

平行世界

　　《海賊王》的世界和我們的世界，雖然有許多相同之處，但也有相當大的不同，尤其連地理背景都完全不一樣。若將之當做發生在這個世界的事情，實在不適合。但如果把它當作是一個外星文化，也不恰當，因為語言（日文、中文和英文的交雜使用）和主要人種是完全相同的。最好的方式是把海賊王的世界，想像成另一個地球，一個發生在平行宇宙的故事。在這個平行世界中，有著和我們一樣的人種，講類似的語言，但在不同的地理與歷史背景下，所產生的，和人類社會一樣感人的不同故事。

　　這個世界由五大海洋所組成，其中被分割的陸地有許多國家，大多數的國家加入一個稱為「世界政府」的核心組織，整個世界主要由世界政府所統治。五大海洋分別是東海、南海、西海、北海，以及中央地帶的偉大航道，而充滿神秘的偉大航道就是海賊們冒險的地方。

　　能夠征服這片海域的人就可以被稱作「海賊王」。唯一曾經成為海賊王的人叫做哥爾·D·羅傑，在他被海軍（世界政府的主要兵力）當眾處死的時候，他對全世界說了一段著名的話：

想要我的財寶嗎？想要的話就全部給你，去找吧！我把所有的財寶都放在那裡了。

這段話吸引了許多人成為海賊，目標在於征服偉大航道，找到這個稱為 One Piece 的大秘寶。於是，歷史稱呼這個大群人湧向海洋的時代為「大海賊時代」。

故事的背景就是在這樣的大海賊時代中，一個名字叫做蒙其・D・魯夫的少年，也想尋找大秘寶，成為海賊王。抱持這個夢想，尋找伙伴，朝向偉大航道前進。

《海賊王》的世界和我們的世界，其中一個最大的差異在於「惡魔果實」。吃了惡魔果實，可以獲得特殊能力。例如，魯夫不小心吃到了「橡膠果實」（惡魔果實的一種）就變成了橡膠人，可以像橡膠一樣自由讓身體伸長具有彈性，子彈傷不了，也不怕雷擊，但仍無法承受刀劍以及火焰的攻擊。

惡魔果實分成三大類。自然系、超人系、與動物系三種，橡膠果實屬於超人系，吃了以後就有了如超人般的伸縮與彈性能力。其中最難對付的是自然系的惡魔果實能力者。例如，魯夫的結拜哥哥艾斯吃了燒燒果實，全身可以化作一團火來攻擊敵人，

刀劍槍砲都無法傷他分毫。

　　然而，惡魔果實能力者有共通的弱點，就是無法抵擋大海所產生的特殊的能量，此種能量會封鎖惡魔果實的能力而導致溺水。所以，所有惡魔果實能力者都無法在海中游泳。也因為如此，並不是每一個海賊都想要獲得惡魔果實能力。而且，由此種大海能量所製作的海樓石手銬也能順利制服惡魔果實能力者。

　　另一種對付惡魔果實能力者的力量發自於一個人內在的潛能，稱之為「霸氣」。但並不是只要有霸氣就能對付得了惡魔果實能力。還要看對手霸氣的強弱。就像在龐克哈薩特島上，海軍上校達絲琪一開始雖使用了霸氣，還是無法傷到比他霸氣更強的自然系惡魔果實能力者雪女莫奈。而在鬼島上，當極惡世代中的五人同時對抗兩位四皇海道與 BIG MOM 而感到棘手時，和魯夫結盟的海賊托拉法爾加‧羅打算運用手術果實能力移開其中一人，但由於對方霸氣過強而毫無作用。所以，在《海賊王》世界中，霸氣的強弱，才是最終判定一個人強弱的主要依據。就像四皇之一的紅髮傑克，以及王下七武海之一的世界第一劍客鷹眼密佛格都不具有惡魔果實能力，但靠著自身霸氣便能獨霸一方。

　　霸氣分為三種，第一是「霸王色」的霸氣，這種霸氣純靠天生，只能誘發而無法鍛鍊，使用時視霸氣強弱可讓周圍數十到

數百公尺範圍內霸氣弱的人昏厥，而且也可以增強自己的攻擊力量，但擁有者極為稀少。第二是「見聞色」的霸氣，能夠感知大範圍內的各種生物的力量，甚至情緒與想法，以及在對戰中可以預知對手的招數。第三是「武裝色」的霸氣，可以用來強化防禦力與攻擊力，尤其可以用來攻擊自然系的惡魔果實能力者。

在我們的世界中，許多人認為人們天生也有這種霸氣，據說氣功或是忍術都有類似的能力訓練。當有敵人在背後偷襲的時候，雖然看不見、也沒有聽見任何聲音，但卻會產生一種奇特的感覺，像是有一股殺氣從後面襲來一般，可以提早發現並且避開危險，就如同見聞色霸氣一樣。而各種類似內功、金鐘罩的訓練也類似其他類別的霸氣。但可能由於我們世界中，尤其是現代，這個領域的研究與掌握並不發達，所以無法像在《海賊王》的世界中如此被廣泛應用，以及能夠達到這麼強大的力量等級。

在《海賊王》的世界中，由於海賊數量過大，力量過強，而代表王義一方的海軍不足以對付，於是世界政府選擇勢力較強的七大海賊合作，稱為「七武海」，讓他們一起協助對抗其他海賊，而交換條件則是對他們的不法事業睜一隻眼閉一隻眼，變成合法海賊。

然而，《海賊王》的世界除了海軍、七武海，與海賊三大

勢力之外，還有另一股力量存在，也就是企圖推翻世界政府的革命軍。革命軍統帥就是魯夫的父親蒙其‧D‧多拉格。但魯夫一開始並不知道這件事（魯夫從小就沒見過自己的父親，他是由擔任海軍中將、也是傳奇海兵的爺爺，以及爺爺認識的山賊帶大的）。

　　那麼，故事開始了，魯夫划著小舟，在眾村民的祝福聲中出海，夢想成為海賊王，途中陸陸續續找到一群足以信賴的伙伴，組成「草帽海賊團」，進入偉大航道，開始他們的冒險與追求夢想之旅。

人生

哲學篇

夢
想
。

讓我們一起追求夢想吧!
因為實現夢想是最快樂的事。

　　「夢想」是維繫整個草帽海賊團的核心價值。這個海賊團等
於是一群有夢想的人,為了實現個人夢想而組成的。在追求個人
夢想的同時,隨著共患難的航海經歷,夥伴之情日漸深化,也逐
漸把協助伙伴完成他們的夢想當作共同目標:

　　・船長草帽魯夫的夢想是找到大秘寶,並且成為海賊王。
因為海賊王是海上最自由的人。
　　・有海賊獵人之稱的索隆,夢想打敗號稱最強劍士的七武
海鷹眼密佛格,而成為世界第一劍士。以完成他和已死去的愛慕
對象的約定。
　　・自封為狙擊王的騙人布個性膽怯,夢想成為一個勇敢的
海上戰士。

· 航海士娜美的夢想是畫出最棒的世界地圖。

· 廚師香吉士夢想找到一個稱之為 All Blue 的傳說海域，這個海域具有所有海洋的各種食材。

· 船醫喬巴是一頭馴鹿，由於吃了「人人果實」而能說人話，他的夢想則是找到願意接受他的伙伴（加入草帽海賊團後，就已經完成這個夢想了）。

· 考古學家羅賓夢想找到歷史本文，因為歷史已遭篡改，她想了解究竟歷史的真相為何？也同時為了完成家鄉島上眾學者們的遺願。

· 船匠鐵人佛朗基的夢想是製造一艘最棒的夢幻之船，並用它航行世界一週，到達最終之島（加入草帽海賊團時，已完成船的製造，千陽號）。

· 音樂家布魯克的夢想則是找到那條曾經有約的鯨魚拉布，實現會回來找牠的誓言。

· 魚人吉貝爾，外號「海俠」，是草帽海賊團的掌舵手。前任「七武海」之一，原太陽海賊團船長。在故事後期的和之國篇才正式加入草帽海賊團。他的夢想可以說是繼承了前太陽海賊團船長費雪·泰格以及龍宮王國王妃乙姬的夢想，期待魚人不再受到歧視，可以和人類和平共存於陽光大地之上。

在《海賊王》的世界裡，夢想是生命實踐的動力。人因夢想

而活。如果沒有了夢想，人生將不再有意義。

　　在《海賊王》的世界，曾經許多人為別人的夢想而感動，儘管那是多麼荒誕不經的夢想。

　　故事一開始，當魯夫遇到夢想當海軍的克比時，克比正處在被海賊奴役的狀態，不僅弱小，連反抗的勇氣都沒有。但聽到魯夫這個沒沒無名的小海賊竟然大膽宣稱，決定要在這個海賊多如牛毛的大海賊時代，站上頂點，成為海賊王。不管成與不成、可能與否、艱難度有多高，決定了就去做，即使賭上生命也毫不在意。

　　受到這股熱力的感染，他竟然說出埋藏已久，連自己都不敢去想的荒謬夢想，他想當上海軍大將（臺灣譯為「上將」）。這個夢想對他當時的狀態來說，簡直荒唐至極，連自己說出這種話都感到無地自容。但是，魯夫卻聽進去了。在魯夫心中，夢想是不需要看起來就能實現的，甚至永遠不能實現也沒有關係。只要有夢想，就去追逐。無論多麼荒謬，沒有任何一種夢想是可笑的。任何人的任何夢想，都值得被尊重，且值得去追求。

　　這樣的觀念充斥在整個《海賊王》的世界中。幾乎所有的重要人物，都有他們的夢想，而沒有夢想的人，只能擔任配角或甚至是丑角的角色。

　　有一天，充滿好奇與夢想的魯夫在加亞島的魔谷鎮酒吧裡詢

問如何前往空島而被嘲笑，嘲笑的一群人以海賊貝拉米為首，他們自認為是看清事實的新世代，覺得追求夢想是很蠢的事情。這些人，終究只能是世界的配角，無法有什麼大作為。魯夫甚至連跟他們打架還手的意願都沒有，完全鄙視他們的存在。

當他們走出了酒吧，正好遇見之後取代白鬍子成為四皇之一的黑鬍子。黑鬍子也是一個充滿夢想與野心的人，從他的角度來說，是魯夫一行人贏了。贏了什麼呢？打架當然是輸了，贏的自然就是內心堅定追求夢想的意志，沒有被那些鄙視夢想的人所污染。然而，兩年多之後，魯夫一行人到了被稱之為「新世界」的偉大航道後半段裡的多雷斯羅薩王國，又遇見了貝拉米。他已完全變了一個人，變得更強，也重新回到追求夢想的人生軌道裡，並很得意的向魯夫訴說自己的夢想。雖然兩人一樣處於敵對陣營，但因夢想而惺惺相惜。

所以，《海賊王》的世界是一場追逐夢想的世界，是用夢想串接起來的歷史。如果我們生在《海賊王》的世界，我們自然而然會被這種文化氣氛所感染，然後問自己：「我的夢想是什麼？」

事實上，即使在我們的世界，歷史也主要是為了那些有夢想的人而記載，即使夢想沒有實現，也會在歷史上留下一席之地。如同孔子周遊列國，夢想用仁心禮教，扭轉整個戰亂時代。許多隱者嘲笑他「知其不可而為之」（明明知道不可行還是去做，真

是有夠笨的）。這就像是在《海賊王》的世界中，魯夫的海賊王夢想被許多缺乏夢想的人所嘲笑。對孔子和魯夫來說，夢想是否有明顯看得見的實現可能，並不重要，最重要的，是否有一種決心，決定盡自己最大的力量，即使賭上生命，也要把那微不足道的，幾乎等於零的可能性找出來，像種子般的種下去，讓它開出勝利的花朵。

歷史上，孔子最後失敗了，世界還是一樣混亂；英雄項羽的霸業夢想也破滅了，跟他一起離鄉築夢的鄉親全戰死沙場；企圖建立統一場論的愛因斯坦也沒有成功，甚至還留下一些錯誤的假設。然而，嘲笑孔子的人究竟是誰？嘲笑其他夢想的人又是哪些人？歷史並沒有空位記載他們的故事，以及他們「正確的」嘲笑了這些失敗夢想的事蹟。

人因為有了夢想，而有價值。至少從歷史上來看是如此。那麼，你的夢想是什麼呢？你願意大膽說出自己的夢想了嗎？你決心開始為夢想而奮鬥了嗎？試著想想看，你的朋友們有些什麼夢想？他們是否願意跟你分享他們的夢想？你曾經在心中嘲笑別人的夢想嗎？你是否尊重別人難以實現、甚至根本不可能實現的夢想呢？

當然，我們也可以不要隨波逐流，不要因為歷史偏向有夢想的人，就努力改變自己去迎合夢想人生。或許，我們也可以回頭

反省一下：

「人一定要有夢想嗎？」
「夢想在人生的意義中，扮演了什麼樣的角色呢？」

在《海賊王》的世界中，夢想至少具有兩大意義。**第一，實現夢想的快樂勝過人生中任何一件事。**

在偉大航道冒險的某一天，眾人突然喪失了記憶。在那記憶遺失的島上，眾人忘了自己為何成為海賊，忘了一切冒險過程與夢想的追求，一心一意想要回到對他們來說最重要的地方：充滿過去回憶的家。於是，仍然保有記憶的羅賓提醒大家：

比起自己的夢想，還有什麼是更重要的呢？（回家並沒有比追求夢想來得重要）讓我們一起追求夢想吧！因為實現夢想是最快樂的事。

也就是說，夢想不僅僅是人生意義裡面重要的部分，也是填滿人生中最快樂的內容。如果人生要追求快樂，那不就是要追求夢想？

第二個意義則是夢想等於是在人生中設定好目標。有了目標，人生就有了方向。就像影子被奪走而不能見陽光的布魯克，

在初次遇見草帽海賊團時，他說：

在這個不知日夜交替、濃霧瀰漫的黑暗海域裡，伙伴們全都死去了，孤身一人在一艘壞了舵的大船上，漂啊漂的徬徨了數十年，我真的是好寂寞啊！又寂寞又害怕，真想一死了之，可是居然能夠活這麼長的時間。

維繫他活下去的理由，就是為了信守諾言，回到偉大航道的起點，告訴鯨魚拉布，他們失敗的故事，以及他們遵守著對牠的誓約。

不管這個夢想的重要性有多大，只要有夢想，人生就有目標，它就會帶領我們度過許多人生中的黑夜，直到黎明，陽光重現。就像布魯克一般，奪回了影子，加入新的海賊團，展開新的冒險之旅。

設定好夢想，然後努力去實現它，這大概是成就一個美好人生所必要的舉動吧！至少，在《海賊王》的世界中，確實如此。

哲學小教室

孔子周遊列國的夢想

　　孔子，名丘，字仲尼，生於兩千五百多年前的春秋時代。當時戰亂不斷，社會失序。孔子認為「仁心」與「禮教」是解救社會的最好方法，因為禮教告訴每一個人在扮演不同的角色時，正確的行為是什麼，只要大家都正確遵行這些規範，社會秩序就自然恢復了，就像在道路上要遵守交通規則一樣。而以仁心為本時，人人將心比心，「己所不欲，勿施於人。」不希望別人怎麼對待自己，就不要這樣去對待他人。在這種情況下，禮教的規範也不會造成過於鑽牛角尖、或是本末倒置的情況發生。就像看到別人違反交通規則而影響到自己時，也不會亂按喇叭來表達憤怒。如此一來，社會必然可以恢復秩序，人人過著安和樂利的生活。這可以說是一個非常有理想的主張。

　　當孔子無法在國內順利推行其政治主張的情況下，開始周遊列國長達十四年，希望能找到一位願意實施仁政的君主，實現其恢復社會秩序的美夢。但在許多艱苦的奮鬥與冒險之後，仍舊以失敗告終。

　　雖然他的夢想並沒有成功，但是，他的行動與思想卻影響了許許多多的弟子，將他的教誨寫下來，成就《論語》一書。並對整個東亞地區的歷史發展造成重大的影響。

　　後世將他與蘇格拉底、佛陀及耶穌稱為人類史上的四大聖哲。

夢想的捷徑。

我不想知道寶藏在哪裡，
我可不想去經歷無聊的冒險！

　　假如你的夢想是考上臺大。當你正在努力唸書想完成這個夢想的時候，有一天，一個天神降臨，他說，他可以滿足你考上臺大的夢想，從今天開始，你可以不用再唸書了，反正到時一定會考上。你願意接受這份禮物嗎？還是寧可冒著可能考不上的風險，拒絕這個賞賜，繼續努力？

　　當草帽海賊團遇見前海賊王的副船長冥王雷利時，騙人布問他一個問題：

大秘寶真的存在嗎？

　　在雷利回答之前，魯夫大聲制止了。他說：

**我不想知道寶藏在哪裡，也不想知道有沒有寶藏，雖然什麼
都不知道，但大家就是這樣賭上性命出海的，如果在這裡從
大叔口中洩露任何事，那我就不當海賊了！我可不想去經歷
無聊的冒險！**

為什麼會這樣呢？當夢想有了捷徑，甚至可以問出大秘寶的
所在地，而且可以先確定夢想會不會破滅，以及事先知道達成夢
想的有效方法來讓自己更容易達成夢想，這樣不好嗎？

對魯夫來說，的確不好！為什麼呢？主要理由有二個：

第一、奮鬥的過程是很有價值的。

一種值得用生命去下的賭注，這種追尋夢想的過程本身就充
滿了樂趣，尤其當我們處在各種困難之中，克服萬難，面對各種
挑戰，任何捷徑都會破壞這種努力的樂趣。所以，知道後就會變
成「無聊」的冒險，就沒有追求的價值了。

**第二、唯有盡自己最大的力量，所完成的夢想才是最值得追
求的。寧可失敗也不走捷徑。**

也就是說，在追求一個夢想時，真正追求的，除了夢想本身
之外，還包含了追求過程本身的經歷，以及盡自己最大努力之後
的成就感。而且，後者的重要性甚至大過夢想本身。

所以，如果從這個角度來思考人生哲學，如果人生有個目

的，或許，目的是否達成本身也並不是那麼重要，重要的反而是在「虛無」（感覺人生無意義的狀態）中尋找的過程。那麼，對所有把生命意義當追尋夢想的人來說，或許，好好體驗一個從虛無走向光明的奮鬥歷程，才是人生中最有價值的事情。

魯夫這種拒絕捷徑的態度感染了其他許多人，當雷利告訴羅賓他也知道那段歷史的真相，而且如果她想聽，也願意告訴她。在這種情況下，羅賓可以立刻實現從小就有的夢想，但是，一旦她的夢想成真，她待在草帽海賊團裡的意義也就消失了，也無法獲得用自己力量完成夢想的喜悅。她猶豫了一下，決定放棄捷徑，走上原本努力卻艱難的道路。而香吉士也是一樣，問都沒有問，「究竟蘊藏著所有海洋資源的 All Blue 是否存在？」

對騙人布來說，大秘寶並不是他的夢想。存在與否、以及是否找得到，並不是一件最重要的事情，就算知道了，也只是滿足好奇心而已，沒什麼改變。所以，對他而言，這是很容易問出口的問題。但如果有一天，他有機會可以知道他的夢想（成為勇敢的海上戰士）是否會成功，那麼，在好奇之餘，應該也會閉口不問的。

夢想實現之前，尤其正處在艱困的狀態下，我們都會很想知道自己是否會成功、或是最後會失敗，但是，如果我們真能提早

知道，那麼，或許我們都會和他們一樣，認為還是繼續努力、不要提早知道的好。但是，當夢想有了捷徑，會有很多人寧可選擇捷徑，但選擇捷徑的人，將很可能在未來後悔。尤其發現自己失去了無可挽回的重要生命歷程之後。

當有了夢想，人們往往陷入一個迷思之中，認為夢想的實現才是最重要的，甚至是唯一重要的事情。於是，人們往往會主動尋找捷徑，甚至使用卑劣的方法、投機取巧獲得成功。但是，最終的結果，是本末倒置的。追求夢想，通常所獲得的生命中的某種樂趣才是最有價值的，甚至沒有成功的經歷也是。但經由捷徑，所獲得的，只是一種夢想實現的空虛感。

從一個多采多姿的生命道路來看，夢想的完成其實重要性沒有想像中這麼高。得到捷徑完成夢想或許比努力之後夢想破滅還要更沒價值。當然，在歷經千辛萬苦之後，夢想的實現，是每一個人都最期待的生命饗宴。

那麼，你準備好要跟隨這群海賊一同築夢了嗎？拿起夢想的畫筆，在生命的畫布上塗鴉。你的夢想是什麼呢？如果有一天，類似的捷徑出現了，你會如何選擇？

有些事情我們很想知道，但或許不知道反而更好。就像是你所暗戀的人究竟喜不喜歡你？但是，如果有機會知道，通常我們

都會選擇知道。另外,有些事情我們很好奇,但卻不想知道,例如:何時會死?在莊子的故事中,有個人擁有特殊能力,可以預知別人何時會死,這樣的能力導致人人都躲著他。因為我們不想知道。知道後,活起來多沒意思。如果,事先知道目前所追求的東西是否會成功,也還是不知道的好,知道了一樣沒意思。

　　有夢想,努力實現它,不管可不可能,不管是否會成功,做就對了!而且不走捷徑!這是《海賊王》世界裡的夢想哲學。

哲學小教室

虛無

　　「虛無」是一種感受,感覺人生中所有的一切都毫無意義。依據這種感受所產生的哲學,稱之為「虛無主義」。

　　在希臘神話中,薛西弗斯被處罰推一個大石頭上山,歷經千辛萬苦推到山頂之後,石頭會自動滾下來,他就必須再重推一次,沒完沒了。虛無主義認為人生就像這樣,每天做著徒勞無功、沒有意義的事情。這種感受引發人們企圖尋找能夠填滿這個虛無感的人生意義,讓生命重現光明。

　　虛無主義代表人物之一的十九世紀哲學家尼采（Friedrich Wilhelm Nietzsche）認為，當我們放棄了原本自以為生命有意義的宗教信仰（像是對神的信仰）以及道德價值觀（像是人活著就是要為大眾幸福著想的觀念）之後，人心便會開始走向不知什麼才是有意義、有價值的虛無狀態。而且他宣告，虛無時代來臨了，我們就是生活在這樣的時代裡。於是，現代人必須開始面對這種虛無思想的挑戰。但尼采相信，人們必然能夠找到一條超越虛無的道路，在不仰賴宗教與道德觀的情況下，重新發現生命的意義。

　　若以光來比喻生命意義，人世間有許多人造的、虛假的光芒，誤導著我們人生的方向。「虛無」其實就像暫時關掉所有人生中的光明，避免被謊言與錯誤知識所形成的虛假亮光誤導。在徹底的黑暗中，我們才能看見真實但卻微弱的星光，這些星光可以讓內心深處虛無的土壤開出意義的花。只要跟著星光走，人生的真實意義就會越來越清楚、明白，直到走出人生的黑森林，看見山崗上那輪澄淨的滿月。

伙
伴
。

我當然會幫妳！
妳是我的伙伴！

　　草帽海賊團的航海士娜美哭了，悲傷地用匕首猛刺自己左手臂的刺青，那象徵著惡龍海賊團的圖騰。完全搞不清楚發生什麼事的船長魯夫，聽到娜美的求助後表示：「我當然會幫妳！」理由自然是，因為「妳是我的伙伴！」。

　　「伙伴」這個詞在《海賊王》的世界裡有著很大的意義。而且有著許多雖然感人、但也值得深思的哲學觀。例如：「只要是伙伴，我就一定站在你這一邊。」整個由魚人組成的惡龍海賊團雖然做盡了惡事，但與魯夫一行人是毫不相干的。畢竟，魯夫一行人也是海賊，又不是代表正義的海軍，別人做壞事關他們什麼事呢？但是，惡龍海賊團最後還是整個被草帽海賊團殲滅了。只是因為：

你們把我們的航海士弄哭了！

在觀眾眼中，這是大快人心的事情，但是這樣的處事哲學是否恰當呢？

回到我們的世界來看，有時黑幫火拼的理由，甚至是一群人打架的理由，也是依據類似的處事哲學。「因為你們欺負我朋友，我要你們好看。」這種報復，甚至超過十倍、百倍。「你打他一拳、我打你重傷。」「你殺我族一人，我殺光你們全部。」

惡龍海賊團因為欺騙了娜美，讓她哭了，下場是被殲滅。誰叫他們欺負錯人了呢？這樣的報復是否太過頭了呢？

觀眾不會覺得不妥，因為我們知道惡龍海賊團扮演了壞人的角色（在觀眾心中，壞人都是死有餘辜的）。他們殺了娜美的養母，還奪走了整村人民的幸福，而且和某些不肖海軍軍官勾結，共同欺壓良善。但是，他們的惡行與魯夫一行人是不相干的。尤其魯夫根本也還沒弄清楚事情的來龍去脈，所以，這種偏袒伙伴以及百倍報復的哲學是有待商榷的。

直到他們來到深海的魚人島，了解了原來魚人被人類歧視與欺壓的各種悲慘故事之後，才真正理解這些魚人心中對人類的怨恨有多深。雖然惡行永遠不能被合理化，無論什麼樣的仇恨，都

不能作為惡行的藉口。

就像在 2001 年的 911 事件，恐怖組織劫持民航機撞向紐約世貿大樓造成數千人死亡。當時某中東國家向紐約市捐款一百萬美元之後發出聲明，主張美國應重新反省其中東政策。這個主張等於是說，美國錯誤的中東政策導致這樣的結局。而這其實就等於是將恐怖活動合理化。聽到這番話後，當時的朱利安尼市長立刻將捐款退回，並再次強調：「恐怖活動不能被合理化。」

2022 年俄羅斯向烏克蘭發動類似於恐怖活動的戰爭行動，並且製造大量死傷時，也有許多人宣稱，由於北約向俄羅斯邊境擴張才導致這場戰爭。而反對這種說法的理由之一也是一樣，「恐怖活動永遠不能被合理化。」無論什麼樣的理由，都不該以恐怖活動作為報復或解決問題的手段。

人與人之間的相處也是一樣，我們也常做出類似主張，「無論如何，暴力都不能被合理化。使用暴力就是錯的。」然而，這並不是說，不能去了解各種暴力背後的前因後果，知道事情的來龍去脈當然是有幫助的，至少能讓我們更容易理解這些惡行背後的情感，以及未來如何去預防。

另外，身為草帽海賊團一員的羅賓，有著為了伙伴可以犧牲一切的哲學觀。在她與「水之都」市長的對話裡，她透露，為了

保護這群伙伴的安全,她願意犧牲自己,甚至冒著可能讓古代毀滅兵器復活的風險(這可能帶給世界大災難)。這個哲學觀也就是羅賓所說的:

(就算讓古代兵器復活)我無所謂,只要伙伴們平安就好。

當然,草帽海賊團也企圖保護羅賓,為了搶救被世界政府抓去的羅賓,草帽海賊團也公然與世界政府為敵。殺進象徵司法正義的司法島,甚至摧毀象徵世界政府的旗幟,公然向全世界宣戰。這做法雖說是「為了救伙伴,不惜與強大的力量對抗」,這是很感人的勇氣與伙伴之愛的情節。但是不是有些是非不分了呢?這應該是值得理智深入思考的問題。

當然,草帽一行人並非冷靜思考型的哲學家,而是憑著直覺與情感的夢想追逐者、以及冒險者。這種人帶給人們的貢獻往往不在其思路,而是其行動力。

不過,這種強大的行動力也並非全然盲目的,當直覺上感到自己是欺壓別人的一方時,正義之心也會被激發,改變這種對自己伙伴的偏袒狀態,甚至反對伙伴的行為。例如:魯夫一行人在威士忌山峰被專抓海賊的巴洛克工作室騙了,一大群假裝好客的人請他們喝下摻了迷藥的酒。在派對歡笑聲中,他們以為得手

了，但這數百人最後都被假裝昏倒的索隆給砍了。當魯夫醒來發現滿地被砍傷的人，誤以為索隆隨便砍傷那些請他們喝酒的「好人」，於是感到很憤慨，並很生氣的找索隆決鬥。

「即使是伙伴，也不容許做出忘恩負義的行為。」有了這條守則，伙伴之愛才不會演變成一種共惡集團。然而，這樣還算是個海賊團嗎？在《海賊王》的世界中，算不算是海賊並沒有一定的標準。這我們就不深究了，既然做了海賊，就作自己喜歡的海賊，不用一定要和別人一樣。

海賊團是一種自由自在的組織，無論正義與否、不管大眾價值的是非對錯、不管世界的經濟是否面臨危機、也不管環保或是核能問題，只要有夢想，就值得繼續走下去。這是一種類似道家所嚮往的，隨心所欲的人生觀，誰能說這樣的人生是不好的呢？

哲學小教室

道家的境界

莊子是道家的主要代表人物之一，在他的一篇重要文章〈逍遙遊〉中記述了四種心靈境界。

第一種屬於具有知識與德性的人，以服務群眾為目標，讓自己成為眾人擁戴的人物。這大概就是儒家所強調的君子風範。但在道家眼中，這樣的人眼光只在於被人們所肯定，生命受到極大的限制。

第二個層次的人能夠看見第一種人的生命侷限，因此，對那些為了爭取別人認同的人感到可笑。這個層次擁有自己的行事法則，不受別人眼光所限制。如果自己的行為碰巧受到眾人稱讚，不會多一分高興；萬一自己的行為受到眾人唾罵，也不會減一分快樂。也就是說，自己完全能夠自行衡量好壞，無須眾人來肯定，也不因眾人的否定而有所動搖。這樣的生命更能自由自在的揮灑，但是，莊子認為這還不夠，因為這仍受限於個人的主觀看法。萬一事物的幻滅與自己的喜好相左，心靈將會有所干擾而無法獲得自由。

第三個層次則如同道家典範人物列子一般的御風而行，順其自然。不執著於內心的渴望，生命無論如何變化，就接受它，風往哪裡來，就往哪裡走，完全擺脫了個人價值觀的限制。呈現出一種完全自在的生命狀態。然而，這還不是最高層次，因為，這雖然已經是自在狀態，但不夠自由。還是必須受到自然的限制。

最後一個層次，也是道家的最高境界，是進入絕對自由的狀態。無論要順其自然，或是不順其自然，都隨自己高興，自己化身成為自然，進入完全的自由與自在的生命型態。

天命觀

魯夫竟然全身而退,真乃神之安排,
上天究竟對他抱著什麼期待呢?

「天命」就是上天賦予的使命。具有天命的人,往往會得到神的助力,協助完成使命。而這些人就成了人世間非常特殊的一群人。

在《海賊王》的世界中,也有著類似的天命觀。當「頂點戰爭」結束後,魯夫被送往九蛇女兒國躲避海軍的追捕。這時,九蛇前女王紐婆婆就思考著:

魯夫繼闖進推進城(大監獄)之後,又到了海軍本部,加入了頂點戰爭,猶如投身巨大風暴的一隻小螞蟻,竟然還能保住性命,全身而退,真乃神之安排,上天究竟對他抱著什麼期待呢?

　　對於不可思議的事情，人們總喜歡用「神蹟」來解讀，認為這是有特殊能力的神干預而造成的結果。然而，類似的「神蹟」在更早之前也發生過。就在魯夫正準備進入偉大航道之前，登陸了前海賊王羅傑出生與受刑死亡的小島：羅格鎮。在這小島，魯夫被（曾被魯夫擊敗而前來復仇的）小丑巴其捉到，準備在羅傑的死刑台上殺他之時，正好打來一道閃電，將整個死刑台毀了，也讓魯夫獲得釋放。

　　這種離奇的巧合，也讓人感到有神的干預。至於是否真是如此呢？這就屬於信仰的層面了，信者恆信，不信者總認為是巧合。而多數人屬於懷疑論者，半信半疑。像是在羅格鎮追捕魯夫的海軍軍官斯摩格上校，看到這一切之後，雖然感到很不可思議，但仍舊繼續追捕他。也就是說，對於這是否是神蹟，保持半信半疑的態度，否則，如果相信是神蹟，就不用再嘗試去抓他了。

　　究竟哪些人屬於這種帶有使命的神之使者，而且會獲得神的助力呢？只有等到神蹟發生後才能判斷嗎？如果是的話，那我們就傾向於認為這是巧合了。因為，只要數量夠多，神蹟般的巧合總是會發生的。例如，如果有人丟十個骰子都出現「六」，這會讓人覺得是神蹟。但是，如果世界上所有人都試一試，總會有人巧合丟出的。就像多數中樂透頭彩的人容易將之當作神蹟，但實際上，從機率來說，幾乎每個月都會有人中獎。也就是說，這些

不可思議的事情並非神蹟的可能性是存在的。那麼，我們是否有其他線索能事前預測誰是神之使者呢？

在《海賊王》的世界中，流傳著一個稱之為「D 的意志」的傳說，主張有一種想法、觀念，或是行動，將由姓名裡有「D」的人傳承下去。

例如：前海賊王的全名為哥爾‧D‧羅傑；而魯夫的結拜哥哥也同時是羅傑之子的波特卡斯‧D‧艾斯（跟隨母姓），名字裡也有個 D 字。魯夫則是蒙其‧D‧魯夫；他的父親，革命軍領袖則為蒙其‧D‧多拉格；黑鬍子汀奇則是馬歇爾‧D‧汀奇。這些姓名中有 D 的人，至少會有一人將繼承這個 D 的意志，接受上天的使命，完成某一件大事。也或許，他們全部都擔負了某種程度的使命，將共同完成大業。

然而，這種類似在我們的世界中被稱為姓名學的算命法，都會有一個荒謬之處。既然姓名是父母給的，那怎麼會跟命運相關呢？除非這種命運是後天造成的，也就是好的名字讓人喜悅、或容易被人記得與接納，以致於產生不同的人生際遇。這樣的理論是合理的。但如果是天命和姓名相關，這就難以理解了。

許多人相信姓名筆畫和未來命運相關聯，這樣的算命法實在很荒謬。只要取不同筆畫的名字、或是改了名字，命運就不一

樣了。由於我們完全無法思考這種因果關聯如何可能？算命師也無法說出個所以然，即使我們把所有成功人士的姓名筆畫核對一遍，也無法看出有任何奇特之處，這就很難讓人想像為何還會有人如此相信了。另外，如果是外國人該怎麼辦呢？外文的筆畫該怎麼算？這些質疑都會讓這類姓名學讓人難以置信。

或者，如果某些姓名是天生的，像是名字為何會有個 D 字由某些天生因素所決定，這就比較合理一些。就像許多算命術喜歡用生辰八字，或是出生、星座來預測一個人的命運。這至少在「天生註定」的觀點上較為類似，多少合理一點。但是，近年來，愈來愈多產婦擇日擇時的非自然生產，也讓這種算命術失去了這一丁點的合理性了。

孟子主張，「天將降大任於斯人也，必先苦其心志，勞其筋骨，餓其體膚，空乏其身，行拂亂其所為，所以動心忍性，增益其所不能。」意思是說，如果天要降下使命給一個人的話，就會先讓他遇到很多困難，而這個人必須在經歷難關後得到成長，最後鍛鍊出一個能完成使命的能力。

的確，在我們見過的歷史人物中，有大成者，大多都是歷經萬難而成長的，也只有這樣的人，具備足夠的能力來面對大事業的挑戰。在《海賊王》的世界中，無論魯夫是否是這樣的一個具

有天授使命的人，他一樣遇到重重關卡，一樣一步一步增加自己的經驗與能力，朝向夢想前進。

　　就像在司法島上前往解救伙伴羅賓時，他跟世界政府暗殺集團 CP9 的其中一人，吃了門門果實的布魯諾說，「我能在這裡遇到你們真是太好了！」因為 CP9 每個成員都很強，遇見了強敵，讓魯夫超越了自己，到達能夠擊敗他們的程度。在這種盡全力追求自我成長的情況下，無論這是不是使命就都不重要了，因為即使是天降大任，我們一樣要努力鍛鍊自己，一樣沒有捷徑。只不過，當有大難來臨時，在我們無法克服的困難出現時，會有神奇的力量，協助我們度過難關。

哲學小教室

巧合？神蹟？（機率的魔法）

　　巧合，在日常生活中事實上比我們以為的還要更常發生，但由於我們對機率的不瞭解，常常會對一些不可思議的巧合大驚小怪。依據「利特伍德奇蹟法則」的計算，如果把奇蹟定義為百萬分之一的機率，那麼，每個人每個月會發生一次奇蹟。也就是說，每個人每年會發生

一次千萬分之一的奇蹟。而對你周圍的好朋友來說，每十人中，平均有一人在一年中，發生一次一億分之一的奇蹟。

這是由於發生在我們日常生活中的「事件」非常的多，由於絕大多數都很平凡，所以我們並不會特別去注意他們。試著算算看，如果每天遇見一萬個事件，那平均每天就會有一萬個機會產生奇蹟。當數量累積多了，自然就會增加奇蹟的發生率。如果奇蹟一直都沒有發生，那才真的是一個奇蹟呢。

當然，在自然界中，的確仍然有些匪夷所思的事情，是難以用巧合來解釋的，像是人是如何演化出來的、各種宇宙常數是怎麼產生的，以及為何某些人會有所謂的前世記憶等等。這些都還需仰賴科學家們以及哲學家們的努力研究與思索。

傷心的時候，就像我教妳的那樣笑，
滴哩嘻嘻嘻嘻嘻⋯⋯

在《海賊王》的世界中，人生的意義就是要追求夢想，沒有夢想的人，就算欺負到我們頭上，也不值得理會。

當作威作福的山賊向身為四皇之一的紅髮傑克潑酒時，傑克一點都不生氣，因為跟「這種人」生氣是沒有意義的。當不了解的魯夫批評紅髮海賊團沒有勇氣時，他並不知道，任何一個紅髮海賊團的幹部，都有足夠的能力單槍匹馬擊敗整群山賊。那種小混混才會有的挑釁舉動，就像是路邊野狗在吠一般，根本不值得理會。反正又不是什麼大不了的事情，何必浪費精神去對付他們呢？就像紅髮傑克所說：

人家只不過把酒灑在我頭上而已，為何要去打架呢？

長大後的魯夫了解了這點，當他在加亞島，因為想前往傳說中的空島而被一群嘲笑海賊夢想的人圍打時，也不願意還手。因為，沒有夢想的人，根本就不用當他們是個人。如同當時同樣被打的索隆所說：

**　　就算打贏了他們，也只會讓自己更不開心。**

　　因此，在《海賊王》的世界裡，跟沒有夢想而只會嘲笑別人的人爭執是沒有意義的。所以，在我們的人生旅程中，如果遇見嘲笑我們夢想的人，最簡單的對應之道，就是根本忽視，不予理會。因為他們並沒被理會的價值。而且，如果想要過一個有意義的人生，就應該有個夢想。當完成了夢想，就會出現另一個夢想，為夢想而死，乃是天經地義的事情。就像「歐哈拉」的人們為追求歷史真相而全島人民被屠殺（只剩羅賓一人），這種壯烈的死也是值得的。一旦沒有了夢想，生命就失去意義了。而且，夢想本身也不是最重要的，追求與實踐夢想的完整過程才是呈現生命意義的最大光輝。

　　然而，另一個很重要的問題是，生命總是不如人意、困難重重、挫折連連。在生命的旅途中，在追逐夢想的過程裡，當我們遇到了低潮，遇到了難以克服的難關，該怎麼辦呢？

傷心的時候，就像我教妳的那樣笑，滴哩嘻嘻嘻嘻嘻 ……

這是背叛海軍的巨人中將薩烏羅教小羅賓的訣竅。當時全島遭到砲擊，年幼的羅賓在被解救時，生命遭遇到極大的困境。在這種局面裡，「強顏歡笑」，有它一定的價值。即使處在傷心之中，它能引導歡樂的一面進入我們的思維世界，至少能淡化悲傷，甚至獲取生命動力。這種心情的轉變也是在我們的世界中常被討論到的「正向思考」。當魯夫失去了艾斯，陷入痛苦時，海俠吉貝爾對他說：

別去想你失去了什麼，想想你還擁有什麼。

這種正向思考容易將人從悲傷的角落裡拖出來，回到陽光照耀的大地上，接受正能量的注入，往往就能逐漸恢復生機。

而有的時候，轉換眼光也能讓煩惱變小，甚至到可以不用理會困境的地步。喬巴一直有著自己不被人接受的煩惱，而收留喬巴的庸醫西爾爾克曾在海邊對喬巴說：

在海上不可思議的東西多如繁星，有一天，你出海了，就會

發現自己的煩惱多麼微不足道。

的確，當我們轉換眼光，看見更大的世界，或是改變念頭，開始有著更偉大的夢想時，就常常會感到原本有的煩惱實在只是一個小問題了。就像當我們飢餓的時候，我們煩惱著要吃些什麼，或是有沒有東西可吃？但是，當我們專心一意的要完成一件大事時，甚至連飢餓都會忘掉。

然而，未來深不可測，命運如夏日驟雨，瞬間即來、瞬間即逝。在這種未知命運的強烈壓力下，我們也需要「信念」。相信我們所期待的，一定會實現。「信念」是在《海賊王》的世界中，一股神秘的力量，當小羅賓要孤身出海時，她感到十分恐懼，因為：

海面上什麼也沒有。

沒有親人、沒有朋友、沒有任何值得信賴與依靠的人。但是，薩烏羅卻對她說：

人不會永遠孤單的，海上一定有願意保護妳的伙伴。

在每個人的人生道路上，我們不斷和朋友、同學、親人分離，進入陌生的環境，這種處境會讓我們感到恐懼。因為，感覺上，「那裡什麼也沒有！」但是，放心，那裡有很多未來的朋友、同學、與親人。每一個人生階段，都會有新的人走入我們的生命裡，帶來生之喜悅。

相信它！它就一定會發生。在《海賊王》的世界如此，在我們的世界中也是如此。在那裡，他們稱之為「信念」；在這裡，我們稱其為「吸引力法則」。你所遇到的一切，都是由你的心念吸引過來的。當你期待些什麼時，相信它會實現，它就會實現。這種信念的特質不在於其對與錯、以及存在與否。它的特質在於，那是一股人生中巨大的力量，差別只在於，要它、或是不要它，這是一個考驗人們智慧的選擇。

哲學小教室

正向思考法

近年來社會上很流行「正向思考」的生活哲學。這是擺脫憂鬱、

失眠等現代人常見問題的一個有效方法。事實上，人們快樂與不快樂的來源有相當大的部分是比較來的。而比較是一種思想活動，只要是思想活動，在某種程度上，都是可以自由操作的。

例如，對發票時，以為中了兩百萬元，結果只有兩百元，我們會不快樂；但如果原本以為沒中，後來發現中了兩百元，便會感到開心。嚴重感冒時，由於身體不適，我們會不快樂，但如果原本被誤診為致命疾病，後來發現「只不過」是重感冒而已，我們根本就不會在乎那些痛苦的症狀，而且甚至會喜極而泣。也就是說，我們本來就有能力不去在乎那些病痛，但當我們一直想著健健康康、沒有疾病的狀態時，相較之下，便會很不快樂。

正向思考要我們練習多去看事物好的一面，不要把自己封閉在專注事物壞的一面，那麼，我們的心情就自然會開心很多。心情好了，對人的健康、社交、處事態度、靈感等許多方面都有幫助，也就自然能夠引導出一個更美好的人生。

然而，負面思考是人們的自然習性，當我們什麼也不努力時，自然而然不會正向思考。要培養正向思考，必須時時提醒自己，刻意扭轉自己的各種觀念與想法，久而久之，就會養成習慣，也會嚐到正向思考的甜頭，到時就更容易繼續保持這種生命態度了。

信
念。

海賊王只有一個，
怎麼可能所有人都夢想成真呢？

　　在司法島上，正當魯夫一行人和 CP9 暗殺集團對抗時，CP9
情報頭子正悄悄押解羅賓前往大監獄，只要一上船，就難以挽回
了。羅賓相信伙伴們一定會來救她，雖然這個信念實在沒有什麼
道理，在理智上，她也不認為他們贏得了 CP9，否則一開始就不
需要投降了。

　　但是，不管合理性如何，她選擇相信伙伴一定做得到。於
是她盡最大的努力拖延時間，就在上船之前，一切看似絕望的當
下，一記天外飛來的火焰彈擊中了 CP9 頭子，以及陸續打倒周
遭其他士兵，草帽海賊團的狙擊手騙人布，利用空島衝擊貝改造
的彈弓，從槍都打不到的遠處，讓羅賓總算有脫身的機會。

　　在《海賊王》的世界中，海賊們的一個特點在於追求夢想，

而追求夢想最需要的力量,就是「信念」,相信夢想終將實現的信念。

假設羅賓是個完全理性的人,缺乏這種追求夢想的非理性信念,她可能根本打從心底就不相信魯夫一行人可以救得了她,或許只能等待奇蹟吧!在這樣的心態上,她就不會盡最大的力量去拖延時間,那麼,也就無法在千鈞一髮中獲救,而是遲了一步的結局。

在我們的世界裡,也是如此。有夢想,而且相信夢想一定會實現的人,就比較傾向於會去做最大的努力,即使面臨極大的困境,落入絕望的深淵,也繼續奮鬥,這樣的心態,往往能夠在逆境中生存下來,反敗為勝,夢想成真。

雖然這種信念的力量強大,但是,如果這種信念根本就是錯的,一個理性思考的人,怎麼可能騙得了自己,來產生這麼強的信念呢?如果賭注失敗,是否反而更糟?浪費時間精力在追求得不到的夢想,倒不如盡早放棄的好!

就像許多人對政治事務感興趣,想當縣市長、民意代表、或甚至是總統,但現實面上,僧多粥少,想做的人多於政府能提供的名額,如果這些人都相信夢想一定會成真,到頭來,一定有些人夢想破滅。就像在《海賊王》的世界裡,這麼多人夢想成為海賊王,但海賊王只有一個,怎麼可能所有人都夢想成真呢?

　　這個推理看似完美，實際上卻未必。只要換一種形上學的世界觀看世界，導入一個稱為「**平行世界**」的元素，結果會很不一樣。

　　平行世界指的是在同一個時間中，存在有不同的空間，而不同空間中有類似的太陽系與地球，也有每個人的存在，只不過在某些方面會不太一樣。例如，在某個平行世界的我，職業是郵差，而在另一個平行世界裡，說不定是個海賊。

　　依據現代物理學的假設，平行世界不斷的在形成，當我們在每一個當下，做了不同的決定，就朝向一個不同的平行世界。所以，每個人在不同的平行世界都可能成為海賊王，而唯有具備夢想且堅持下去的人，能進入到那個屬於自己成為海賊王的平行世界。

　　所以，在這樣的形上學世界觀中，所有的夢想都是有可能實現的，或者更精確的說，所有夢想，只要有一點點的可能性，都確定將會在某個平行世界中被實現，問題只在於我們的努力與堅持，是否能帶領我們的意志，走向那個屬於自己夢想實現的平行世界。

　　在我們的世界裡，流行著一種稱之為「**吸引力法則**」的觀念，「你生命中所發生的一切，都是你吸引來的。」如果你經常

用「好」的態度面對一切，這樣的信念就會吸引好的事物到你身邊。反之亦然。所以，如果你一直朝著你的夢想努力，堅信夢想一定會實現，那麼，它就一定會實現。

這種「信念」、「平行世界理論」，以及「吸引力法則」，究竟是真的，或只是一種自以為是的，接近宗教的信仰呢？

這個問題其實是沒有解答的，至少目前沒有。但從一種實用的生命態度來面對，有時，我們會認為其究竟是真、是假，其實沒有這麼重要，比較重要的問題是，這種信念，吸引力法則，怎麼使用最好？

如果有人光去想而不做任何努力，就希望夢想實現，那似乎就用錯了。如果在家裡一直想著要發大財，但什麼努力也不做，或最多買張樂透彩，這種應用方式對大多數人來說，大概是無用的。但當我們盡最大的努力去實現值得用一生去追求的夢想時，就算這種神奇的法則不是事實，也無所謂了。

有些人總是覺得吸引力法則不像是事實，所以也很難真正使用它來製造強大的信念，即使有意願，懷疑的心結也會降低它的吸引力。

在這裡，我們可以導入另一個形上學的世界觀，或許有助於解除這個心結，「一個沒有真假與對錯的世界。」

　　當我們說一件事情為真時，表示這件事情是客觀事實。但是，真的有「客觀事實」這種東西嗎？首先，先來思考一個著名的哲學問題：**「在無人的深山中，是否有小花綻放？」**依據我們習慣的世界觀來回答，答案是「有」。因為，深山中長滿了各式各樣的花朵，只要去看看就知道了。然而，在我們去觀察之前，它們真的存在嗎？雖然我們無法證明，但應該存在吧！如果不存在，不是很奇怪嗎？但是依據一種唯心論的世界觀來說，它們基本上是不存在的，只有在觀察的瞬間，它們才開始存在。而且，這種想法在某種程度上，獲得現代物理學的支持。

　　「量子力學」中的雙狹縫實驗顯示，一顆粒子在被觀察之前，其實並沒有一個確定性，直到被觀察，它的狀態才被確定。這並不是說，這個粒子實際上確定處在某種狀態，但觀察之前，我們無法確定，而是說，它根本就是處在不確定狀態，或者更精確的說，它處於所有可能性同時並存的狀態下，就像所有可能的分身同時存在一般。這基本上很難想像，因為這違背了我們習慣的世界觀。如果把這種粒子行為套用在未被觀察的山中小花，那麼，至少在觀察之前，並沒有一個客觀事實可供我們判定事物的真假。而且，即使已被觀察，事物也可能轉眼即逝，那麼，依然沒有一個客觀事實存在那裡。當我們用這種世界觀看世界時，我們會發現，並沒有所謂「客觀事實」這種東西。

就像在當今哲學的最新發展中，2019 年哲學家唐納德・霍夫曼（Donald Hoffman）寫了一本書，《不實在的現實》（The Case Against Reality: Why Evolution Hid the Truth from Our Eyes，中譯本於 2022 年出版）。他結合演化論與量子力學觀點，得出眼前的世界其實是不存在的，而且提倡所謂的「意識實在論」，主張唯一真實存在的只有意識。

那麼，從這角度來看，我們或許可以說，世界上沒有所謂的真假與對錯的差別。如此一來，我們用以衡量事物的方式就必須更改，不再用真假對錯來衡量，或許可改成「我如何期待」或是「怎樣的事物或想法有用或是有價值」，有的就為真，沒有的就為假。當我們改用這種思考看世界時，信念不僅僅是一個勵志的想法，甚至是一股創造的力量。這觀點，和「吸引力法則」是一致的。

這奇怪的哲學觀不僅僅只是一個有趣的（或荒唐的）想法，它實際上有可能是事實。尤其現代科學對粒子的觀察現象，非常符合這樣的想法。試想一下，二十世紀哲學家羅素（Bertrand Arthur William Russell）提出來的一個有趣問題：「**這個世界是神在十五分鐘前所創造出來的，有誰可以證明這不是事實？**」如果連這點都無法證實其真假，那麼，我們習慣用來衡量真假的判斷，究竟有多少可信度呢？

平行世界是一個很可能存在的世界，裡面存在著各式各樣的可能性。《海賊王》的世界，究竟只是一個想像的故事，還是一個真實存在於某一個可能世界的歷史呢？或者，當尾田榮一郎先生在構思這個故事的同時，一個這樣的平行世界也同時被創造出來了。其實，跳脫我們習慣的世界觀，擁抱各種宇宙的可能性時，我們會發現，這個可能性是存在的。或者，當我們願意相信這個可能性時，就同時創造了這個可能性了。

在這樣的觀點下，「信念」並不只是帶領我們走向夢想的力量，而是創造出我們夢想世界的力量。相信它，它就一定會實現，實現在屬於自己信念的平行世界裡。

莊子說：「魚很快樂的在水中悠游。」
惠子反駁說：「你又不是魚，你怎麼知道魚很快樂！」

這個爭辯的分歧點，創造了兩個平行世界。莊子走進「魚快樂」的世界。惠子則進入了「我們無法知道魚快樂」的世界。我們的思維，吸引了整個我們期待的宇宙，進入屬於我們的平行世界。而爭議的兩邊，都成就了事實。

哲學小教室

形上學與唯心論

　　「形上學」是哲學裡面很重要的一個領域。這個專有名詞不是針對某個理論，而是某類的理論。只要是在討論關於事物存在本質的哲學理論，都可以歸類為形上學。當我們問「這個世界的真相（存在本質）究竟是什麼」的形上學問題的時候，就牽涉到我們是用怎樣的世界觀在解讀這個世界。

　　「唯心論」是解答這個問題的一種世界觀。這個世界觀主張，心是世界上唯一最基本的存在物，一切事物都源自於心。這種世界觀與現代科學（主張「唯物論」）認為所有事物都源自於作為基本粒子的「物」很不一樣。雖然缺乏科學理論的支持，但也一樣有可能是事實。因為，當代科學目前仍舊完全無法說明，基本粒子是如何可能造出心靈與意識的。這連想像都很困難。但是，如果最基本的存在是心，那麼，一切物都是由心所創造的。雖然這樣的說法也很難證明，但卻不難想像。因為我們的確可以在心中憑空構作許多根本不存在的事物。只是唯心論者也無法說清楚究竟心要如何將心中想像的事物具體化，成為看得到、摸得到的東西。

　　這個關於「哪一種世界觀才正確」的爭議，事實上仍然是懸案。只不過，唯物論的假設較能讓我們的科學繼續發展進步，因此，學界暫時接受唯物論，作為第一優先考量。

冒險。

⚓ 要冒生命危險乘著上衝海流前往天空？
還是安全一點，選擇到別的島去？

　　魯夫一行人在到達加亞島之前，航海士娜美發現，用來指向下一個島的記錄指針竟然指向了天空！這是什麼意思呢？指針壞了嗎？還是說，下一個島的位置，是在天上？難道真有空島存在？在這種不確定的情況下，該如何走下一步？要冒生命危險乘著上衝海流前往天空？還是安全一點，選擇到別的島去？

　　在我們的人生裡，也常常遇到這類的抉擇。通常，年紀愈小的愈喜歡冒險，年紀愈大的，經歷過愈多，則愈想打安全牌。

　　年紀小的喜歡冒險，通常是因為缺乏危機意識，而且過於樂觀，常常把勝率估得過高，總認為一出手就會成功。這種由於無知所帶來的勇氣，可以讓一個運氣好的年輕人奇蹟似的創業成功，當然，失敗者更多。成功者如果沒發現運氣在成功過程中所

扮演的重要角色，那麼，高估自己能力的後果，將會是更高的失敗率。

　　在經歷過許多失敗與歷練之後，年紀大了一些，訓練出一個很強的危機意識，常常就覺得危機潛伏在四周，反而容易過度悲觀，把失敗率估得太高，所以愈來愈不願意行動。所以，年紀大才創業成功的，少之又少。其實，年紀大創業成功的比例應該較高，只不過，會去行動的人數太少，所以看起來好像年輕人比較容易成功。

　　另外，年紀小時，由於好奇心較強，也就較願意冒險去追求未知；年紀愈長，見過的愈多，就愈不容易有好奇心，也就愈不願意冒險了。

　　然而，兩者皆是命運被動下的產物，都是非理性的直覺所造成的抉擇。冒險，可以是一個在理智運作下，填充人生的命運轉盤。

　　魯夫有著極度愛冒險的性格，他享受著冒險的樂趣，愈是危險的地方，就愈潛伏著多采多姿的人生。因此，在完全不知前方將會遇到什麼危險的情況下，藉由他的意志帶領，一行人乘著上衝海流，飛到了天上，找到了空島，發現在地上遺失四百年的黃金都市香朵拉，並與惡劣的神官與雷神對抗，敲響了傳說中的天空歌聲，解除空島的危機。又一次豐富的冒險之旅。

　　沒有冒險的滋養，生命就愈來愈乾枯。但是，冒險需要勇氣。

　　在我們的人生中，到處充滿了危險。我們不僅擔心自己，也擔心親人。於是，減少冒險行動的要求，不僅來自內心深處的恐懼，也來自於他人的限制。

　　有些父母擔心子女的安危，希望他們能夠在安全的環境中成長，於是盡可能安排安全的生涯規劃。這樣的人生雖然較能常保平安，但對當事人來說，卻是枯燥乏味的。所以，當子女離家唸書或是工作，開始過一個自我掌控的生活之後，有時反而變本加厲，缺乏危險等級的辨識能力，反而更容易陷入危機。

　　愈危險的事情，只要有勇氣，做起來就愈過癮，成果也就愈豐富。當然，如果不順利，擔負的後果也就愈嚴重。一個理智的冒險者，應該選擇那種實際上較安全，但感覺上似乎很危險的事情，像是坐雲霄飛車、登山、野外探險；或是挑戰一些看起來很困難、很可怕，但即使失敗也沒什麼大不了的冒險，像是參加自己不擅長的比賽（明明口才很差還去參加演講比賽）、挑戰一些自己不懂的領域（理工科學生去修新詩寫作，或是文科學生去修量子力學）、以及多認識不同類型的新朋友。這樣不僅可以享受冒險的滋味，也可以豐富生命的體驗。這是適於大多數人的冒險類型。

　　然而，有些人對這樣的人生型態還是感到過於平淡，像是在《海賊王》的世界中，許多人願意冒生命危險去挑戰未知的世界。成為一個海賊、前往偉大航道、進入空島、沉下海底深處、甚至去挑戰極度邪惡的勢力。像魯夫一般，要具備這種勇氣，必須能夠先放下對生命的執著，願意用生命當冒險的籌碼，賭上夢想的實現。

　　事實上，在我們的世界中，一直以來都有許多人是這麼做的。尤其從古代印度教苦行僧開始，為了求道，進入深山曠野，不畏懼森林裡的野獸與毒蛇，將生命放下，追求最終的解答。

　　實際上，無論如何打安全牌，仍有許多逃不過的冒險等著我們。因為，生命本身就是一場冒險。在人生旅途上，任何讓我們不愉快的事情，無論是工作上的挫折、身體的病痛、情場失意、以及遇見惡人，或是夢想難以實現，都是一種挑戰，如何轉化這些生命中的負面元素、超越它們，讓一切變成美好呢？如果我們用冒險的精神去面對它們，用心體驗、經歷、克服、甚至去享受，那麼，任何一個人都可以成為生命旅途的冒險者。

　　尤其人們從小開始，就會意識到哲學家海德格所說的，「**人是一種邁向死亡的存在。**」死亡本身是每個人必須經歷的冒險。愈是在生活中不敢冒險、尋求安全人生的人，就會愈恐懼死亡。

反過來說，愈愛冒險的人，愈是能從冒險中獲得意外喜悅的人，就愈不恐懼死亡的來臨。因為，誰知道死亡是怎麼一回事呢？死後的世界，或許一無所有，也或許是另一片令人興奮的天地。

就像莊子所說，沒人知道死亡是好是壞，說不定死亡本身是一件天大的喜事，那些已死的人，說不定正感到自己生前對死亡恐懼的可笑呢？

通過死亡這個閘門，我們將前往怎樣的世界呢？如果我們用冒險的心情來面對它，說不定那就像是進入偉大航道一般，開始一段新的冒險之旅。

冒險，事實上也是一種等待，等待那些超出意料的事物，呈現在眼前，帶來意外的喜悅。

哲學小教室

海德格哲學

海德格哲學可說是在各種哲學理論中，最難瞭解的其中一個。尤其他的名著《存有與時間》，幾乎可以說是一本有字天書。之所以會這麼難，主要原因是海德格使用了一種全新的世界觀在看世界，在這

個世界觀中，原本我們習慣的詞彙都具有了新的意義，外加一些必要而新創立的詞彙，對於習慣傳統世界觀而無法跳脫的人來說，無論如何認真閱讀，都是誤解。

我們習慣的世界觀是把心物分開來。「物質」就是外面的客觀世界，「心靈」就是內在的主觀世界。要解讀海德格，就必須先把這個觀點放棄。然後把兩者合併在一個稱之為「現象」的交會裡。現象就是我們所觀察、感覺，以及體驗到的一切，但不要預設這些事物都是客觀外在的。在這些所有統一的現象中，我們重新解讀這個世界。那麼，我們將會形成一個完全不同的世界觀。

在這個新的世界觀中，「人」或「自我」將不再具有相同的意義，海德格將人或自我稱之為「Dasein」，這個字有時被翻譯成「此在」，也就是「活在這裡」的意思，而有時被譯成具有禪學意義的「當下」，這個翻譯也在某個面向很貼近原意。而在這種對人與自我的完全不同解讀中，它所呈現的其中一個特質就是「向死亡邁進」。這是在整個「現象」中所呈現出的狀態，這也和我們一般傳統意義下的「人會死」的觀點不太一樣。差別在於，在「現象」中，那只不過是一種狀態的呈現，而不是什麼在價值觀中大不了的事情。

用這種「現象」角度重新看世界的方法，稱之為「現象學方法」，也算是在哲學史上，存在主義革命下的產物。所謂「存在主義」，簡單的說，先放下理智對人生的理解與掌控，遠離枯燥無聊的人生，改以將情感視為生命中的主角，在這種耀眼、燃燒的真實生命裡，存在的意義才有可能呈現。

二 道德
　　　爭議篇

贓物。

偷來的不義之財
就是屬於自己的嗎？

　　何謂善？何謂惡？這不僅難以界定，也有很多模糊地帶。在我們的世界中，有一個著名的問題。假設有一個貧窮的老太太患了一種疾病，不吃藥的話很難痊癒，會不斷遭受病中痛苦的折磨。但這種病有特效藥，吃了一顆通常很快就好了。不過，這種藥非常昂貴，一般人根本買不起。如果碰巧有個機會，我們可以從富有的藥商那裡偷到一顆送給老太太，那麼，我們是否應該這麼做呢？

　　「偷竊」是不道德的事情。但是，如果我們深入考慮偷竊的目的與不同的動機，有時我們便會有不同的考慮。但有哲學家反對這樣的看法，認為**每一種行為的善惡都是確定的，無論其動機為何**。所以，無論目的為何，「偷」都是一件壞事，不同的目的與動機，都不會改變偷的惡。當然，幫助老太太是件好事，所以，

只要這樣做了，就是一件好事，不管目的為何。從這樣的觀點來看，上面的例子中，如果去偷藥救老太太，那就是同時做了一件好事與一件惡事。

也有哲學家主張動機決定一切，只要是**好的動機就是善；壞的動機，就是惡**。在這個標準下，如果偷藥的目的單純只是希望老太太不要受苦，那麼，這就是一個善的行為。但是，如果只是藉機想要讓（跟自己有仇的）藥商損失，而以救老太太為藉口，那麼，這就是惡的動機，這樣的行為就變成惡了。

這種情形常常在社會上得見，許多人使用仁義道德作為藉口，所作所為只是為了個人利益而已。而且這樣的人不僅騙過別人，也騙了自己。這種自欺現象很容易發生，舉例來說，某個政策對我有利，我希望推動這個政策，內心自然會支持這個政策，這時就會去思考這個政策在道德層面的各種好處，而且把這些理由說出來說服他人，不知不覺中也說服了自己。但卻忘了思考這個政策不好的一面。由於任何事物都有好壞，在這種情況下，就變成偽君子而不自知了。要避免自己成為這樣的人，最需要培養的其實不是道德，而是思考能力，只要能看見這種思考型態的缺失，至少不會做一個自己都不了解自己的偽君子。

另外，有稱之為「結果論」的哲學家認為**善惡要從結果來看，導致好的結果，就是善；導致壞的結果，就是惡。如果兩者皆有，那就在善惡後果互相抵銷後，善多則為善，惡多則為惡。**

在這個例子中，如果老太太因而得救，而藥商的損失很小，那麼，這就是善。反之，如果偷了藥也沒用，老太太還是一樣沒好，那這就變成惡了。

在《海賊王》的世界中，人們的價值觀或許比較偏向從動機與目的來判定善惡。娜美在進入草帽海賊團之前，原本是個小偷，但專偷海賊的金銀財寶。她搭乘商船旅行，當遇上了海賊突襲，就偷偷溜到海賊船中搜刮金銀財寶。目的是向佔領他們村子（可可亞西村）的強大海賊把自己的村子買下來，以解救整個村民。

這樣的偷是善是惡呢？光從行為來說，偷是一件惡事，無論結果如何都無法改變這件事，所以，這是一件惡事。但從動機與目的為思考基礎的觀點來說，他偷的是海賊的錢，這些錢本來就是不義之財，而且偷來的錢是為了救村子，而不是為了自己，在這種情況下，應該沒有關係吧！從動機來說，她的行為應該是善的。至少，沒有一個伙伴與村民譴責她這種行為。

然而，最後，當魯夫一行人打敗了佔領可可亞西村的惡龍海賊團，不用花一毛錢就把村子給解救了。在這種情況下，問題來了，要怎麼處理這些不義之財才是正當的呢？而且，這些偷來買村子的錢應該歸誰所有？誰應該決定這些錢的用途？是不是應該

交給政府？或是歸還？

　　然而，包括村民在內的所有人都認為那是娜美的錢，她可以自由決定錢的去向，包括自己享用。也就是說，在《海賊王》的世界中，似乎有著這樣的規則：「偷來的不義之財就是屬於自己的」。

　　這個觀點也呈現在從空島偷來的財寶的案例中。當魯夫一行人擊敗雷神及其神官與神兵，因而解救了空島居民之後，搜刮了大蛇腹中堆積的金銀財寶，然後逃跑。這當然也算是一種偷竊行為，雖然是從大蛇肚子裡撿來的，但畢竟屬於空島的財物。因為，在我們的世界中，如果到其他國家旅遊，發現了無主的寶藏，而偷偷將之帶走，也是一種竊盜行為。

　　這些財寶後來被海軍沒收，但魯夫一行人費盡心思終於將「他們的」財寶搶了回來。後來賣光財寶後，得到的現金準備用來買新船。但問題是，這些錢又被當地的黑幫偷走。這時他們對「偷走我們的錢」感到憤怒。這裡似乎有著矛盾。既然從空島上偷來就屬於他們所有，那被別人偷走後，為何不能屬於別人呢？

　　從草帽海賊團的角度來思考會有這樣的矛盾。但是，從旁觀者來看則較不會有問題。主要原因有二。第一、觀眾都是偏心的，因為觀眾會偏袒主角，所以，比較看不到這種矛盾。也就是說，在我們的日常生活中，只要在情緒上偏向某一方，我們的思

考就很難做到公平公正的地步。容易看見被偏袒者的善，或是受到的欺侮，較不容易看見其惡，以及欺壓他人的行為。第二個原因是，實際上空島居民想送他們更多的黃金，比他們偷走的多上百倍，只不過在他們知道這件事情之前，就已經拿著少量財寶逃走了。所以，從道德上來說，這似乎比較不像是偷來的財物了。

這裡就引起了一個有趣的問題，偷走別人打算送給自己的東西，或是自己應得的東西，這樣算不算是偷呢？例如：老闆答應給小王一天一千元的工資，所以小王前去打工。但是，由於當天生意不好，所以，老闆後來反悔，只給了八百元。生氣的小王自行偷取「自己應得的」兩百元。這樣是否算偷呢？如果有其他員工幫小王偷兩百塊給他，那這員工的行為是否是一種正義的行為？這看起來像是在「捍衛正義」，在我們的世界中，也的確有許多人以此為理由，做了許多的不道德行為，而且還自認為自己站在正義的一方。但實際上，心靈深處仍然會感覺到一絲絲不安。因為，依據行為本身的善惡來說，畢竟不當的行為永遠都是不當的行為，即使有好的動機與好的結果，也改變不了這樣的事實。

也就是說，小王的偷還是偷；員工的偷也仍然是偷；這些都是不道德的行為。但我們對其行為會比較寬容，畢竟其動機比

較不屬於惡意。然而，如果有可以不用偷的方式，而一樣能捍衛正義，自然最好，如果沒有，該怎麼做，才是最好的選擇呢？有時，我們必須在這種兩難困局中，用智慧開創出一個兩全其美的選項。所以，道德困局常常不是在考驗我們的道德觀究竟是否正確，而是在考驗我們的智慧是否能在困局中找出更好的行事方法。

在頂點戰爭中，當魯夫衝上死刑台要救艾斯的時候，身為最後防線之一的魯夫的爺爺卡普中將，擋在魯夫前面說：「要過去就必須先把我打倒！」事實上，卡普在感情上並不希望艾斯被處刑，因為當大將赤犬殺了艾斯之後，他曾意圖要把赤犬給殺了。在道德觀上，他也認為，不應該只是因為艾斯是前海賊王之子就決定要殺他。因此，他心中隱隱希望魯夫能把他救走。但身為海軍，他又必須遵守軍紀，盡到防守的責任。在這樣的兩難中，他選擇只阻擋但不還手，只要魯夫的力量夠大，就讓他把自己擊倒吧！（事實上，以魯夫當時的力量來說，是不可能有本事打敗卡普的。）自己盡了部分責任，也成全了他的情感與道義觀。這也算是在道德困局中，稍稍較能兩全的行事方式了。

哲學小教室

倫理學與結果論

　　倫理學也是哲學的一個類別，而不是個別的理論。其討論範圍主要是針對道德問題，所以也稱之為道德哲學。道德哲學主要想追問的問題是：「到底哪些行為才是符合道德的？」以及「當我們說某行為是道德或不道德時，依據何在？」針對這些問題，有各式各樣的理論。

　　「結果論」主要在回答第二個問題，它提出的回答是：「依據該行為所導致的後果，決定一個行為的善惡。」如果一個行為導致好的結果，就是善；反之則為惡。例如，某個人捐錢給孤兒院，使得許多孤兒可以獲得安全的成長環境，由於這樣的行為導致好的結果，所以，這個行為就是善行。反之，如果一個工程人員搭橋時偷工減料，使得橋樑崩塌而產生不幸的意外，那麼，由於這個行為導致不好的結果，就是惡行。這個評價原則最常使用在工商業界以及軍方。例如，能賺最多錢的商人就是好的商人；最會打勝仗的將軍就是最好的領導人。但事實上，這個原則雖很簡單好用，但常常無法做出最正確的評估。因為許多情況是運氣所造成的。

　　除了這個理論之外，較為著名的理論稱之為「義務論」。義務論認為行為本身的某些特質就決定了一個行為的善惡，也就是說，一個行為的善惡是固定的。例如，說謊是惡，無論說謊導致什麼好結果，都不改變其為惡的行為。而且當人們做一個屬於善的行為時，純粹是

發自善的動機，為了完成行為本身的義務而做，而不是為了其他特定
目的。在這種情況下，才能稱之為善行。

　　從這角度來看，一個有良心的商人才是好的商人，即使其最後
公司倒閉了，也是一樣。而一個能夠完全服從命令以及奮戰到底的軍
人，才是好的軍人，即使最後打了敗仗也是一樣。這兩個理論可說是
倫理學中最針鋒相對的道德觀點。

　　在日常生活中，只要仔細反思，就會發現我們在評價善惡時，
會常常改變標準。究竟最後會採用什麼標準，很大的因素來自於個人
的立場或是利益，而善惡判斷常常只是冠冕堂皇的理由而已。舉例來
說，一個我不支持的政黨的政治人物作了某件違背社會大眾價值觀的
事情，我就容易依據這樣的價值觀譴責他。反之如果是我喜歡政黨的
政治人物做了一樣的事情，我就傾向於從其他角度來思考，例如，他
沒有惡意，或是他是為大局著想等等。這些扭曲的思路，往往才是社
會最容易引起紛爭的亂源。

包袱。

孩子們哭著向我求救，
我怎能不理他們呢？

　　在夢想的追尋過程中，除了會遇到阻止前進的重重障礙，以及協助我們突破難關的助力之外，還會有一種可以選擇接受、或不接受的東西，稱之為「包袱」。

　　當我們正在開心的逛街購物時，旁邊可能會出現一些兜售口香糖的弱勢人士，或甚至是很可憐的乞討者，也難以判斷是真的，還是假的？在多數人的心中，會出現類似包袱的感覺，不太願意扛起這個社會包袱，付出金錢協助他們，何況又有可能是騙人的。但若置之不理，又會有道德包袱，讓人心理不安，或形象不良。

　　在家中，看見父母很忙碌時，對小朋友來說，也是個包袱，不太願意幫忙，但又會覺得不安。在馬路邊，看見有亂丟的垃圾時，或是在學校，當老師們需要志工協助時，許許多多的包袱充

滿在生活之中，對我們的夢想追求似乎也沒有任何幫助，說不定還有浪費時間的壞處。那麼，該怎麼面對他們呢？

許多人對包袱的態度是一律不予理會，能躲就躲，習慣之後，就變成一個很沒責任感的人。許多父母在教育子女時，並沒有注意到這點，由於溺愛，期待子女在快樂無負擔的環境中長大，於是，幫小孩扛起各式各樣的包袱，像是整理房間，買學校書籍文具，甚至還幫忙做各種決定，小孩因此養成了不接受麻煩事的習慣，所有包袱都交給父母。於是，當父母年紀大了、生病了，成了包袱之後，子女自然也躲著，避免扛這個包袱了。父母嘆子女不孝，但卻不知道，這個果，某種程度上是來自於自己種下的因。

在《海賊王》的世界中，最大的一個包袱，或許是由前海賊王哥爾羅傑交託給海軍英雄卡普中將的，他的即將出生的嬰兒——艾斯。

有一天，在獄中的羅傑要求見卡普。他跟卡普說自己的兒子即將出生，但一定會被海軍殺了，但小孩是無辜的啊！剛聽到這番話的卡普有些生氣，因為，這是個違背海軍軍令又是非常沉重的包袱。也因為卡普會生氣，這表示羅傑沒看錯人。

如果是一般的海軍，反應可能會有兩種。第一種是覺得很高興，「知道海賊王的小孩即將出生的資訊，趕快帶兵去殺了，這

是大功一件。」另一種則是還算有點良心,但無力承擔起這麼沉重的包袱,於是就敷衍一下,然後什麼事也不去做。

會生氣表示知道自己將會面對良心的挑戰,並且接下這個非常非常沉重的包袱。

於是,卡普找到了孩子,把他藏到司法管轄之外的隱密山林中的山賊賊窟。由認識的山賊們將他養大,連帶自己的孫子魯夫也放在那裡一起成長,兩人於是成為結拜兄弟。

然而,卡普為何要接下這個包袱,這樣做是對的嗎?又羅傑為何知道卡普會接下這個沉重的負擔呢?

首先,卡普有一個觀念,「不管父親是多麼罪大惡極的人,小孩都是無辜的。」類似的話,白鬍子也說過:「讓孩子來替父母親贖罪是很滑稽的事情。」雖說這是很滑稽的事情,但這樣的事情不僅在《海賊王》的世界中被一大群思考平庸之輩所遵循,在我們的世界中,亦復如此。

罪犯的小孩往往在學校受到歧視,被嘲笑,甚至連許多老師們都瞧不起他們。當然,總還是會有思考清晰的人存在,捍衛他們不受歧視的權利。

羅傑知道卡普並非思考平庸之徒,也知道他具有愛心與良知,願意保護弱者,於是,當他告知卡普之後,雖然卡普的口氣像是拒絕了他,但他仍然放下了心,因為,他知道卡普不可能

放任一個無辜的孩子遭受愚民愚兵的蹂躪。他之所以可以這麼肯定，只有一種可能性是最高的，也就是，他也是同類的人。

在哲學上，有一種知識叫做「**自我知識**」，這種知識只有自己在內心裡面能夠體會，無法用語言表達。當一個具備這種知識的人說了一些關於這種知識的話語時，同樣具備這種知識的人便能心領神會，不懂的人，只有一頭霧水。當佛陀拈花微笑時，迦葉尊者便心領神會而發自內心的微笑，其他人無論如何思考，就是不明白。

有一種人，內心藏著一股巨大的能量，無法忍受看見無辜弱小遭受欺凌，如果內心具備這樣的體驗，就具備這種自我知識，也就可以發現其他具有這種知識的人。對不懂的人來說，就算模仿也會破綻百出，只能騙過那些不具有這類知識的人，騙不過真正具有這種內心能量者。所以，羅傑懂卡普，也因如此，他可以毫不猶豫的信賴他。

當我們看到有些人互相了解、互相信賴，因而感到自己似乎被排擠在外時，先不要太快下定論認為別人忽視自己。而是好好去想想，說不定他們之間有些什麼共同知識，是自己所不明白的。如果有的話，便是一個重大成長的契機。

就像在千年大象背上的象島佐烏裡發生的，一樣是極端沈重包袱的故事裡，屬於四皇海道手下主要幹部大看板三災之一的

「旱禍」JACK，為了抓拿和之國忍者雷藏，除了其本身實力強大，還利用各種殺戮兵器，幾乎要將島上的純毛族給滅族了。但即使如此，他們依然否認窩藏雷藏這個帶來禍害的包袱，不願交出，全族沒有任何雜音。這種寧可滅族也絕不背叛朋友的態度，怎可能不受信賴呢？想要受人信賴，就需要做出一些值得信賴的舉動，讓自己成為一個真正值得信賴的人。而值得信賴的人知道自己這類人內心有著什麼樣的想法，因而容易發現同類人，互相了解而深交。同時也容易發現偽裝者，甚至看清那些自以為值得信賴但實際上卻不是的人。

魯夫一行人在龐克哈薩特島遇見一群被綁架的孩子，這群孩子哭著向娜美求救。原本沒有空理會這群孩子的娜美說：

孩子們哭著向我求救，我怎能不理他們呢？

針對這群「包袱」，在那個島上決定和草帽海賊團聯盟的托拉法爾加·羅說：

把這些礙事的包袱丟了吧！

　　但娜美不願意。而魯夫為了尊重娜美的決定，也決定接下這個包袱，而托拉法爾加·羅因為跟草帽海賊團聯盟，也只好幫他們了。

　　此處，我們看見這種願意幫助無辜弱小的心理是有等級區別的。若是卡普，他應當無條件的會去協助他們。娜美則是在小孩們哭著求她時，便無法硬下心腸不去管他們，其他的人則是可有可無，不排斥，也不主動。

　　從儒學的角度來說，這是一種「仁心」；從亞里斯多德的角度來說，這是一種「德性」。無論是仁心或是德性，都是需要培養的。所以，在培養的過程中，會呈現不同程度的差異。

　　許多哲學家認為，「德性會帶來幸福。」真是如此嗎？德性使娜美接下了幫助一大群孩子的包袱，雖然麻煩，但事成之後，看見他們獲救後的笑容，再想想他們的父母迎接遺失了的小孩的喜悅，這會讓人深深感到這一切都是值得的。即使沒有回報，也是一樣。德性不僅讓我們更樂意幫助別人，扛下各種包袱，也讓我們在助人中增添生命的喜悅。

　　然而，卡普又如何呢？艾斯長大後成了海賊，最後則戰死在頂點戰爭。這帶給卡普的又是什麼？是更多的喜悅，還是更多的悲傷？這個問題很難回答，但我們可以問另一個問題，「即使結局如此，卡普是否會後悔曾經救了艾斯呢？」

　　我相信不會。至少對艾斯來說，他的生命仍然是很有價值的。從不斷懷疑自己的生存價值，一直到在頂點戰爭的死刑台上，熱血沸騰地找到活下去的理由，這是艾斯生命中的亮點。要不是有卡普的介入，就不會有這一段感人的覺醒，想到這裡，扛下這個沉重的包袱還是很有意義的。那麼，如果德性真的是通往幸福的大道，我們該如何培養德性呢？

　　儒家認為，這種仁心就內在於我們的本性之中，只要拂去各種掩蓋本心的迷惑，仁心就會自然浮現。而亞里斯多德則認為，**培養德性的方法就是多做有德性的人都會做的事情，久而久之，養成習慣，就自然培養出來了**。理論雖有不同，但應該都有效，而且針對不同的德性，效果也各有不同。想成為有德性的人來獲得幸福人生嗎？那就試試看吧！

哲學小教室

自我知識

　　自我知識是一種特殊的知識型態，通常意指「只有自己才知道的知識」。這有點像是佛家所言「如人飲水，冷暖自知。」也就是說，喝水時，水中的冷暖，只有自己知道。然而，通常當我們看見別人喝

了自己杯中的水時，我們會認為別人會有和我們完全一樣的感覺，但事實上，通常至少會略有差別，而且，甚至有可能到完全不同的地步。因為我們完全無法知道別人的真實感覺究竟如何，而假設別人的感覺和我們完全不同，我們也無法透過語言來溝通。這和哲學上著名的「逆反感質」問題是一樣的。假設有一個人天生綠色和紅色的感覺對調了，看見紅色事物時產生綠色感覺，而且看見綠色事物時，產生紅色感覺，在這種情況下，不管是誰，都無法發現這件事情。而如果一個人看見顏色的感官知覺和一般人完全不同，是其他人所沒有經歷過的感官知覺，那麼，無論是誰，也都無法發現這件事情。更進一步的假設是，所有人的感官知覺全部都不一樣，沒有人有相同的感官知覺，那麼，即使這是事實，我們一樣無法發現這件事情。這是自我知識難以真正溝通的特質所形成的結果。

然而，在日常生活中，我們假設大家都有相同的自我知識，所以，我們不會覺得這些東西很難溝通。然而，有一些類別的自我知識卻只有少數人擁有，例如，有些人有絕對音感，可以在聽到一個聲音時感覺到它是哪一個音調，具有這種能力的人擁有一種特別的感官經驗，缺乏這種經驗的人永遠不能明白這是一種什麼樣的感覺，也就不具有這種知識。

有許多古聖先賢認為生命意義的知識就是屬於自我知識的型態（像是悟道的體驗），那麼，我們必須轉變自己成為某一種類型的人，或是具備有某種特殊的能力，才能獲得這樣的知識，也才能明白生命的意義。而這種知識是無法用語言來傳遞的，所以也不可能從閱讀中學會。

價值觀

這不是可能不可能的問題，
而是我決定了的事情。

在每一個人成長的過程中，價值觀不斷改變著。對一個嬰兒來說，一元銅板可能比十元銅板更好，因為比較好握；而十元銅板又比千元鈔票更好，因為它至少會發出鏘鏘的聲音。隨著知識愈來愈多，我們知道了千元鈔票所代表的意義，以及其所能發揮的功效。所以，我們的價值觀就隨之轉變。

當我們學會了各式各樣的價值觀，就開始習慣用這些價值觀作評價，而思考也自然容易被這些價值觀所限制。

娜美從小就非常痛恨海賊，因為她的養母被海賊所殺。因此，她建立了一個「海賊就是壞人」的價值觀。所以，在剛遇見魯夫的時候，即使魯夫完全沒有任何讓她討厭的行為，甚至還有一些讓她欣賞的部分，但由於他是海賊，還是拒絕跟他同夥。直到魯夫救了她的村莊，她才真正轉變對「海賊」的價值觀，原來

海賊也有各式各樣的，而讓自己也成為一個海賊。

　　我們使用價值觀去衡量人、事、物的好壞，價值觀可以協助我們迅速做出價值判斷，但是，任何價值觀的應用都會遇到不妥的地方，就像象徵邪惡的海賊裡也有好人，而象徵正義的海軍裡也有壞人。如果我們的思考完全依附價值觀，就容易錯判許多事情。而且，價值觀的存在，也會讓我們強化對事物的喜怒哀樂。

　　當我們在百貨公司看見一件喜歡的衣服時，如果這件衣服正在打一折，只賣一百元，而且還有一大堆在那裡滯銷中，那麼，這些降低這件衣服客觀評價的因素，會導致我們對這件衣服的喜歡程度下降，甚至連這麼便宜都不想買它。反過來說，如果這件衣服賣到只剩一件，而且非常昂貴的要五千元，那麼，這些因素會讓我們提升它的價值評價，反而會更喜歡它，甚至願意花大錢買下來。

　　當我們在路上被人輕輕撞了一下，如果我們沒有「這個人沒說抱歉很不禮貌」的價值觀，那麼，我們完全不會有什麼不愉快的心情。反過來說，當我們有這樣的價值觀時，可能就會很生氣，而且愈想愈氣，「看不起我嗎？」「這個社會敗類！」「社會上就是有這種人，才會如此敗壞。」這些價值觀的作用，有時不如不要的好。不僅沒有讓生活更好，反而造成自己的不快樂。道家思想鼓吹我們盡量不要有此類價值觀，因為這類價值觀反而才是社會動亂的禍源。

那麼,如果沒有了價值觀,那會是怎樣的情況呢?如果沒有價值觀,我們就不再用道德好壞的評價標準去衡量一個行為或是一個觀念,但這並不表示對人對事是沒有喜怒哀樂的。

魯夫在最初遇見立志要當海軍大將的克比時,他對克比說他想當海賊王,驚訝的克比卻回答:

不可能,不可能,絕對不可能,絕對不可能,你怎麼可能站上大海賊時代的頂點。

結果,魯夫就很生氣的打了他的頭。克比問:

為什麼打我?

魯夫卻說:

我就是想打你。

從這裡,我們可以看見,魯夫的生氣並不是訴諸任何價值觀,而是一種簡單的、關於夢想被否定時的情緒。如果是訴諸價

值觀，他的回答應該是：「你怎麼可以否定別人的夢想？」在沒
有價值觀作祟的情況下，當他生完了氣，憤怒很快就消失了，於
是，他就對克比解釋說：

這不是可能不可能的問題，而是我決定了的事情。

　　沒有價值觀的憤怒通常很快的氣就消了，但有價值觀的憤
怒常常會引來愈來愈大的情緒，愈想愈生氣，愈生氣就愈鑽牛角
尖，結果反而更加破壞了自己的心情。

　　在我們的世界中，如果不小心說了一句蠢話而被人嘲笑，可
能會覺得很丟臉，或是對嘲笑的人很生氣。但如果沒有什麼價值
觀，不覺得「講一句蠢話就代表自己很蠢」、或是「嘲笑別人講
錯話很不道德」，那麼，這些覺得丟臉或生氣的情緒很快就煙消
雲散了，就像是吃了一個難吃的東西覺得很噁心，但噁心感很快
就過去了。但是，如果有了價值觀，我們便會耿耿於懷，愈想就
愈覺得丟臉，愈想就愈覺得生氣。尤其如果嘲笑的人是自己的親
朋好友，外加認為「親朋好友不應該這麼不支持自己」的價值觀
作祟，憤怒會越發上升，難以消除。

　　就像七武海之一的唐吉訶德・多佛朗明哥可以說就是陷入這
類價值觀的典型受害者。身為天龍人血統，原本該受人尊崇、享

盡榮華富貴，但卻因父親天真浪漫的理念，帶領全家去過一個放棄天龍人身分的平民生活，卻慘遭不幸。他在經歷苦難之後，在許多價值觀的堅持上忽視了人的內在天性，因而導致個性扭曲，甚至殺了自己的父親和弟弟，成了一個毫無人性的暴虐之徒。如果沒有那些天龍人就該如何，以及什麼才是正確與錯誤選擇的各種價值觀，全家無論遇到什麼困境，都互相協助努力克服，他的整個人生必然會很不一樣。

　　愈少的價值觀，生活就愈自在。而這也是道家的智慧精華所在。就像老子所說的，當我們不再用聖賢與仁義的價值觀來評價人時，人們反而由於不會受到價值觀的壓迫而更能發揮原本的善心；當我們不再評價事物的好壞時，反而就不會讓人有偷盜的行為了。而佛教也有類似觀點，主張「一切皆空」，也就是所有價值觀都沒有其必然性，因此無須執著。只要擁有一切皆空的智慧，便能化解所有煩惱。

　　在《海賊王》的世界中，世界政府為了要消彌海賊的數量，提出各種懸賞獎金，通緝海賊的行為，就是立下一個價值觀。通緝獎金愈高，表示這個海賊愈強，那麼，這反而讓許多海賊為了證明自己的強大而做盡壞事。如果政府不再通緝海賊，說不定海賊數量反而會變少，為非作歹的程度也會降低。這是價值觀在實

際作用時所造成的反效果。

　　當然，這也不表示不通緝就一定比較好，有罪而不罰，等於是在放縱罪犯，或許能尋找更適當的圓滿作法。就像過去臺灣警方會排名十大槍擊要犯。讓這十人出名，便容易捕抓。但反效果在於，只要一被列名，就成了大家聞名色變的亡命之徒，反而讓他們更容易、也更有動機為所欲為。反而製造更多社會動亂。

　　人們拿價值觀來衡量人、事、物的優劣，並且將之當作一個客觀標準。然而，這些都是人為約定下的產物，根本上來說，人、事、物根本就沒有優劣之分，從不同的角度與標準來看，就會形成完全不同的價值評價。一顆鑽石在文明社會上有著極高的價值，但到了飢荒時期，它還不如一根香蕉來得重要。從乞丐的眼光來看，一個家財萬貫的人，不如一個願意施捨的人。而對喬巴來說，一群不接納自己的同類，不如一個願意接納自己的異類庸醫。

　　在套用價值觀處事與思考時，保持一點彈性的空間，這將會是一個很有用的生活智慧。

哲學小教室

道家的智慧

　　智慧是一種不拘泥法則，且能在困局中發現出路的能力。道家藉由找出各種法則的不確定性，而形成其特有的智慧。

　　儒家宣揚聖賢與君子，希望藉由這樣的典範，鼓勵眾人朝向這個方向努力，這樣的風潮若能形成，將有利於社會的安定與和諧。但是，凡事都有其壞的一面。因為，標榜聖賢的同時，也立下了一些價值判斷法則，人們將更能用這些法則去評價與譴責他人，造成社會更大的動盪與不安。所以老子說，「絕聖棄智，民利百倍；絕仁棄義，民復孝慈。」意思是說，當我們不特別去標榜聖賢與仁義時，人們反而更能順其自然的實現一個理想社會。愈是去鼓吹，有時反而造成更不當的結果。這是道家從反面思考時，看到的可能狀態。任何事情都有其反面，沒有任何政策與法則是完全好的，所以，當我們想要做任何社會改革時，不能一頭熱的投入一個理想理念裡面，以為只要怎樣怎樣了，就萬事太平。這是道家智慧對世事的一個主要洞察。

　　運用道家智慧在當今社會裡，我們可以看到許多人強烈主張多元成家、廢除核電廠、保護野生動物、打破性別差異，以及反對許多政府的政策，雖然這些主張都有其理想的一面，但若真的付諸實行，這個社會是否真的會更好呢？不管是否會更好，不能忽略的是，凡事都有其弊端，沒有預想弊端，就可能導致更糟的局面。但是，多數人不

願意從反面思考，也就錯失了藉由道家智慧做一個更加全面性思索的
契機，而成為一個狂熱的鼓吹者。當然，主張反面的大多數人也是一
樣的。

公平　平

正義篇

海軍的正義。

接下來要倒下去的士兵們，
簡直，就像是笨蛋，對吧？

在《海賊王》的世界中，世界政府並不像我們的世界裡的多數國家，以陸、海、空三軍為主力。「海軍」就是世界政府的主要軍隊。

海軍軍官的披風背面有兩個大字：「正義」。意即，海軍所有的行動是以「正義之名」而行使的。然而，何為海軍的正義呢？事實上，連在海軍內部都沒有一定的標準，不同的人物有著不同的觀點。

在一群海軍高階軍官討論魯夫第一次被懸賞的三千萬價碼時，其理由是他打敗了一千五百萬以及兩千萬懸賞金的海賊。因此，他很強，外加他也是海賊，所以，也是對海軍的威脅。海軍以威脅程度來決定一個人的懸賞金額。而且是以「正義」之名發出死亡通緝令。

　　在這裡的思考方式是，象徵正義的海軍就代表著正義，而凡是對海軍有威脅的，就是對正義的威脅。而且，只要是以海賊為名的團體，無論其是否做了任何具體的壞事，只要是海賊，就是海軍的敵人，也就是海軍的威脅。

　　這種觀念有點像在我們的世界中，過去曾經被實施的「掃黑專案」。凡是身為幫派份子，就是一種錯誤，就是壞人，而且地位愈高就愈壞，無論是否做過任何壞事。這種以名分訂善惡的方式比較不符合一般正義的觀念。通常以正義之名發出通緝時，針對的並非是此人對國家或政府的威脅，而是對人民百姓的威脅，所以做愈多壞事的人，通緝價碼愈高，這是比較符合我們一般的正義觀。而不是愈強的人，只要和政府作對，就遭受愈高獎金的通緝。只有某些獨裁政權會對影響力愈大的政治犯或甚至思想犯發出通緝令，那些與政府作對，但從不欺壓善良的人是不該以正義之名被通緝的。

　　因此，在此對魯夫的通緝事件中，也開始呈現出海軍與世界政府濫用「正義」之名的舉動。但是，並非所有海軍軍官都如此。像是長相和索隆小時候的夥伴克伊娜非常相似的海軍達絲琪上士在阿拉巴斯坦王國率隊要逮捕魯夫一行人，但看見他們奮力打敗強敵而解救王國後癱倒在地，即使遇到這種逮捕他們的大好時機，也因心中的正義感而放棄。甚至兩年後在龐克哈薩特島上，已經晉升為上校的達絲琪，為了解救被抓來做實驗的孩童們，還

跟海賊索隆聯手打倒唐吉訶德‧多佛朗明哥的幹部雪女莫奈，並且繼續跟海賊為伍一起照顧救出的孩子們。而支持達絲琪的上司斯摩格中將，以及為了不讓百姓繼續受害而設法廢除七武海制度的大將藤虎，也都一樣屬於比較符合一般正義觀的海軍。

　　海軍大將青雉也一樣是個不濫用正義之名的人。他的正義觀相當程度是以個人良知來判斷。例如：他放走了當時年僅八歲的羅賓，並監督她的各種行為。而且，在許多時機，他能捉住魯夫一行的草帽海賊團，但他都沒有這麼做。主要原因在於他並沒有發現他們做了任何壞事。

　　除了在頂點戰爭，他曾試圖攔截魯夫被救走。當時確實有捉他的動機，因為魯夫從海軍手中救出火拳艾斯。

　　頂點戰爭結束後，海軍元帥辭職，高層希望大將赤犬接任元帥，但青雉反對，主要理由應該是他無法接受赤犬的正義觀，於是他和赤犬展開一場決鬥，經過幾天幾夜的戰鬥，他終於敗了。赤犬當上了元帥，青雉則離開了海軍。於是，海軍的正義就由新元帥赤犬來定義。

　　那麼，赤犬的正義觀為何？

　　首先，當黑鬍子海賊團抓到被上億元通緝的海賊珠寶‧波妮及其同夥時，向海軍提出交易，用整個波妮海賊團換一艘海軍軍

艦。但是，赤犬不接受象徵邪惡一方的黑鬍子的交易。這意味著他絕不會和邪惡勢力妥協的決心。於是，親自率領海軍前來抓拿整個黑鬍子海賊團。

第二，赤犬是個極為看重紀律，且執法如山的人。當他看見有海軍逃兵在戰場上因為恐懼而逃走時，他會直接將逃兵殺了。他認為：「海軍不需要意志不堅定的人。」然而，在頂點戰爭中，已經成為海軍的克比，突然由於隱藏的見聞色霸氣覺醒，而能夠聽到那些受傷的人心中求助的吶喊，在受不了眾多情緒襲來的狀態下，他阻擋了赤犬追殺敵人幾秒鐘，說了一些動人的話：

> 到此為止吧！夠了吧！不要再打了，這樣太浪費生命了。每一個士兵都有等他們回家的家人啊！我們已經達到目的了，卻還在追擊那些已經不想戰鬥的海賊，不肯停止這明明可以結束的戰鬥，還拋棄只要現在趕快治療，就能夠得救的士兵，讓更多的人犧牲！接下來要倒下去的士兵們，簡直，就像是笨蛋，對吧？

克比認為，既然本來的目的（處死艾斯）已經達成了，應該儘快幫助受傷的士兵，而不是繼續追殺海賊。但赤犬不跟他講道理，直接認為他「做法不正確」，因此也要殺他。

　　事實上，在我們的世界中，如果在戰場上，突然有士兵抗命，甚至阻擋原本整個部隊正在進行的任務，大概都會是「死刑」，而且可能會被立刻執行。雖然這樣很不人性化，但是戰爭的目的就是要獲得勝利，這將會完全以結果來判定「正義」。只要在戰場上，對順利達成任務有幫助的，就是好的行為；反之就是惡的行為。尤其對於軍紀十分重視的赤犬來說，更是如此。

　　第三，赤犬是個服從命令之人。在頂點戰爭，赤犬也是無條件接受元帥的命令。當元帥主張停戰後，他也就沒有繼續追殺海賊了。雖然，他一定十分不贊同這個決定。所以，赤犬重視軍紀，並不是只要求別人要遵守軍紀，自己也一樣遵守。這樣的人物，往往更能達成使命，而且也可以贏得下屬的尊重。這也難怪世界政府上層較屬意他接任元帥了。

　　第四，他不是一個會趁機報復，為了一己之私而殺人的人。當頂點戰爭結束，而戰國元帥辭職之後，雖然世界政府希望赤犬接任元帥之位，但戰國卻推舉青雉接任元帥。而且，青雉也反對赤犬當元帥。於是，兩人以決鬥來決定接任者。最後赤犬贏了，雖然身受重傷，但他仍然可以報復私仇而藉機殺了青雉，可是他卻沒有這麼做。

　　第五，他用後果來定義正義，能達成好的後果就是正義。於是，他認同為了防止世界被破壞而殺害無辜。就像下令砲擊從羅

賓故鄉歐哈拉逃出的平民船。也不贊同藤虎的各種正義之舉，像
是廢除王下七武海制度的主張，因為赤犬認為保留王下七武海制
度是對整個世界有利的。

從這些角度看來，我們可以說，赤犬是個講求軍紀的人，把
法看得比理與情重要得多，重視行為的後果高於行為的動機，屬
於國家（海軍、政府）至上主義。但他並非毫無人性或只求個人
利益的人，否則殺了青雉不僅可以洩個人心頭之恨（因為青雉阻
礙他當元帥），還可以預防未來潛在的強大敵人，因為說不定青
雉未來會報仇。

那麼，我們可以推測，赤犬是以「法」與「後果」為正義的
人，違法就是不正義，依法辦理而有好的結果就是正義。至於依
法是否導致不合情理的局面，則不予考慮。在我們的世界裡，有
許多人扮演著赤犬這種角色，一切依法辦理，不被情理所左右。
當然，這有其好的一面，但也有其壞的一面。好的一面在於法令
成效良好，所有人都被公平對待；壞的一面則是法令太僵化，有
時會產生本末倒置的現象。

當然，也有其他海軍擁有不同的正義觀。當魯夫在最初的
海軍基地，把當時欺壓百姓的海軍上校蒙卡打敗之後，解救了在
地居民以及被奴役的海軍部屬。這一群脫離苦海的海軍在碼頭送

魯夫出海時，卻向他行禮，因為，他們認為魯夫的行為才是正義的。但是，這群向海賊致敬的海軍也認為自己違背了海軍的基本準則，於是處罰自己三天不吃飯。這樣的做法，也許是兩全其美吧！

　　試想一下，在我們的世界中，如果有一個通緝犯協助警方抓到了一個更大的通緝犯，那麼，警方是否應該先放他一馬，還是一樣逮捕他呢？究竟怎樣才算是正義？不過，由於魯夫當時尚未被通緝，也沒做過什麼惡事，所以，問題就比較沒有這麼大了。

哲學小教室

正義

　　從古希臘哲學家蘇格拉底開始，就對「何謂正義」的問題進行詳細的討論。到了亞里斯多德，正義觀已經很明確的跟「公平」聯繫在一起。一個行為若能稱得上是正義的行為，基本條件就是必須公平。尤其所謂的「分配正義」，指的就是公平的分配，無論針對權利、財富、榮譽，以及職位的獲取，每個人都必須被公平的對待。這個理念雖然沒什麼爭議，但是針對「怎樣才算公平」卻是充滿著爭議。

　　共產主義主張每個人都應該分配到相同的東西，這樣才算是公平的分配。但是，對於努力較多的人來說，會感到這樣的分配其實並不公平，為何努力多的，和努力少的，甚至完全沒有努力的，必須分享相同的成果呢？於是，另一種公平觀則是依據努力的程度來分配。而這就較接近資本主義的公平觀。人人具有公平的機會，努力愈多、甚至運氣愈好，就可以獲得更多的東西。但是，人天生就不可能是站在公平的基礎上，有人出生於富有人家、有人天生聰明、或有人天生就具有許多優越的條件，這些人本來就比其他人更容易成功。這怎麼辦呢？目前許多國家逐漸走向一種提高國民集體福利的「社會主義」路線，其實就是綜合兩者，讓人們保有機會的平等，自由競爭，但卻必須繳高額稅率，讓天生競爭力較差的弱勢團體也能享有最基本的生存權利與社會福利。當然，也有哲學家主張應該徵收天賦稅來彌補先天差異。某些因為特殊天賦而得天獨厚獲取大量利益的人，也應負擔更多的社會責任。這個部分就非常有爭議了，實施上也有許多困難。

　　除了分配正義之外，也有所謂的「報復正義」。當某個人對其他人做出不當的行為時，怎樣的報復（或是處罰）才是符合正義的呢？最基本的想法自然是「以牙還牙、殺人償命」的報復觀。但這樣的觀點純粹是以結果來衡量，而忽略了行為背後的各種理由。所以，當法律在制定罰則時，通常無法用這麼簡單的法則來判定怎樣才是正義的判決。

正義的標準。

別滿口不是正義就是邪惡，就算找遍
世界的每個角落，都不會有答案的！

　　海軍的正義觀就已經有許多不同的標準了，若再加上其他人
的不同觀點就更複雜了。從我們的世界來看有些觀念比較容易接
受，而有些比較難以認同。那麼，有沒有哪一種觀點是最正確的
呢？也就是說，是否存在一種最客觀的正義觀？

　　通常只要是用自己的最大力量，去保護弱小，甚至明知力量
不足，也願意犧牲自己而堅持下去。這樣的行為通常會被我們認
同是「捍衛正義」。

　　當為了解救艾斯的魯夫與一大群逃犯，企圖從號稱無法逃
脫的世界最大監獄 「推進城」離開時，遇見守在通道上的副署
長漢尼拔，魯夫要求他讓開，他堅決不讓，於是兩人打了起來，
漢尼拔雖然強悍，但根本就打不贏魯夫，這時魯夫急著要去救艾
斯，以個人情感為重，不斷將漢尼拔打倒，但他誓死不退，並且

說出一段精采的內心話：

**你們這些海賊只要繼續在海上存在，百姓們就會因為害怕失
去所愛之人而徹夜難眠，所以，為了讓弱小的人安心，我要
將你們這些兇殘罪犯們關入獄中。這裡是地獄的大要塞，如
果它遭到淪陷，世界將陷入無限的恐慌之中，所以，我決不
讓你們通過。**

　　說完這段話，魯夫猶豫了，雖然他必定會離開，但或許會用
較和緩的方法，畢竟魯夫雖是以情為重，目無王法，但對這種誓
死捍衛正義的行為還是很欣賞的。而在這個時候，黑鬍子汀奇從
另一個方向過來，以他強大的黑暗果實力量，打倒所有衛兵以及
漢尼拔，而且回應說：

**閉嘴吧！別滿口不是正義，就是邪惡的，就算找遍這世界的
每個角落，都不會有答案的。**

　　黑鬍子展現了一種類似「**道德相對主義**」的觀點，他認為
「究竟什麼才是正義」，是沒有絕對答案的。如果你到世界上不
同的地區，依據不同的文化傳統，就會有不同的善惡觀。所以，
對黑鬍子來說，善惡沒有客觀性，也沒有絕對性。因此，談論善

惡也沒什麼意義。人生該做的事情就是努力追求自己的夢想，想做什麼就做什麼，拋棄是非對錯的執著，甚至放下對生命價值的堅持，做一個完全屬於自己的人，盡情揮灑生命。

然而，正義與善惡真的沒有一個可以成立的標準嗎？漢尼拔的觀點類似一種「**效益主義**」的想法，從事情的後果總和來計算這件事情是善或是惡，善多於惡者就是善，也就是正義之舉。其最高標準則是，能帶給最多人民百姓最大幸福的就是最大的善。而為了達成這樣的目標，漢尼拔也願意為此奉獻自己的生命。這種「自反而縮，雖千萬人吾往矣」（仔細思考後，只要是合乎道義的，縱然面對千軍萬馬，我也一樣勇往直前）的氣概，也是儒家重要人物孟子所欣賞的。

魯夫的善惡觀較接近一種「**訴諸內在良知**」的立場，即使在為艾斯的安危感到著急的當下，一樣被漢尼拔的精神所撼動，而沒有給他致命一擊。只希望藉由擊敗他，讓他自願停手。

在《海賊王》的世界中，多數平庸的人屬於「**教條式的道德觀**」。像是「海軍就是正義」「海賊就是邪惡」之類的，不需要大腦思考，就可以做道德判斷了。這樣的人通常無法變通，而且只是依循簡單的道德規則，就做了很篤定的善惡判斷，然後就自以為自己站在正義的一方，並口出惡言或譏諷那些被其判定為不道德之人，也不管自己是否誤解。在我們的世界中，眾多網路

「鄉民」就屬此類。但人只要願意做更有深度的思考,就會瞭解更多難以區別善惡的狀況,觀念上也就愈知道何時應該變通、而何時不應該。

通常堅守道德教條而不知變通的,屬於缺乏智慧的人。這樣的人生活其實很不快樂,每當看見有人違反道德規則,就容易憤怒,而且往往也會自我要求去遵守一些不太有意義的事情,像是出入公共場所不可穿拖鞋,或是過度在意一些道德標準,像是遲到連一分鐘都是很大的罪過之類的。但是,這樣的人雖然無趣,卻比較不會給社會帶來大問題。

社會上或許有更多的人是,當遇到自己不想遵守的道德教條,就很會變通。但遇到不希望別人不遵守(但自己願意勉強遵守)的道德教條時,就不再變通,甚至譴責不遵守的人,這樣的人反而更是社會的亂源。

在《海賊王》的世界中,還有一種很特殊的「**直覺主義**」者。他們通常也不依循特定規則或是良知,而純粹依據個人直覺,覺得好的就去做。

當發生在海軍總部的「馬林福特頂點戰爭」快結束時,一樣是被重金通緝的海賊新生代托拉法爾加‧羅到達海軍總部,救走了魯夫。當身為革命軍幹部的人妖王伊娃克夫問他為何這麼做

時，他說：

我沒有救他的義務。如果你對這份好心感到不安，那我給你編個理由如何？

人妖王回答：

不必了，人有時也需要憑直覺做事。

也就是說，這份好心來自於直覺。然而，直覺為何會帶來好心呢？尤其魯夫未來很有可能會成為他向海賊王夢想前進的競爭對手，幫助他不是給自己的未來找麻煩嗎？

「直覺主義」認為每個人都有善的直覺，能夠判定善惡。只要想要行善，心中自然有著清楚的一把尺。但是，事實上，在很多時候，人們彼此之間有著對善惡分歧的意見。這就很難分辨究竟誰的直覺才是正確的了。

直覺認為一件事情想去做，有時或許跟善惡無關，當托拉法爾加‧羅決定解救魯夫，可能只是不想讓海軍如願，或是不希望看見魯夫也隨艾斯一起死亡的結局。

當孟子發現在人性之中具有「看見小孩即將落井會有衝動去

救的企圖心」時，推論出「人性本善」。這樣的推理或許太快了。即使每個人天生都有這樣的傾向，那也不表示那是一種善的動機，或許，人們只是不想見到某些可預期的後果而已。例如，看見小孩落井讓我們感到不愉快，所以會希望他不要落井。否則，當人們看見鄰居窮小孩營養不良的時候，是不是大多數人都會去協助呢？答案是「否」。那麼，人性的本善究竟到哪裡去了？還是說，當我們需要花費一點點金錢的時候，善意就消失了呢？

那麼，回到原來的問題，正義是否有客觀標準呢？在《海賊王》的世界中，似乎沒有答案。而在我們的世界中，一樣也沒有答案。海軍以「正義」之名討伐海賊，這個正義也都是其個人詮釋的正義而已。然而，在我們的世界中，又何嘗不是如此呢？

哲學小教室

效益主義與直覺主義

效益主義是一種倫理學的主張，其發源於十八世紀末與十九世紀初，由英國哲學家邊沁和米爾所提出，屬於結果論的一種，以行為所導致的結果來判定行為的善惡。其主張最大的善標準是「帶給最多人

民最大的幸福」，與此理想愈接近者，則為愈大的善。效益主義也主張，行為導致的所有好與壞的結果都是可以互相抵銷計算，得出一個最終值來判定善惡。

效益主義可說是一個很實用的理論，可以用來解決大多數的道德兩難問題。而用在工商業界，也很簡單明瞭，失敗了不用找藉口，找藉口也沒用，反正不管接到什麼任務，盡最大的力量去完成它就對了。但是，這種理論卻可能導致一些荒謬的想法，例如，殺一個人可以用撿多少垃圾來彌補呢？

直覺主義則認為最基本的道德原則（如何判定某些原則可以用來衡量善惡），甚至衡量個別行為善惡的能力，都來自於我們天生的直覺。簡單的說，其主張我們天生就能夠正確判斷道德上的是非善惡。而事實上，大多數人（甚至許多道德哲學家們）在不知不覺中，也的確採用了這個觀點，因為，以上面談到效益主義的例子來說，當我們認為效益主義會導致一些荒謬結果的時候（殺一個人可以用撿多少垃圾來彌補的問題），我們大多不會去思考「依據怎樣的道德原則，我們可以判定這個結果是荒謬的？」但我們訴諸直覺，判定這個結果是不能被接受的，所以我們反對效益主義，但卻缺乏一個好的反對理由。直覺主義的主要困擾（除了缺乏更進一步的理由支持之外）在於，我們很難區別哪些道德觀念是真正來自於天生的直覺，或只是文化環境所造成的。

歐哈拉事件。

徹底的正義
有時會令人瘋狂。

　　有些研究本身是好事，但是如果一走錯路，或是有所疏失，便有可能造成巨大禍害。這樣的研究應該謹慎持續、還是應該停止？舉例來說，研究天花病毒本身是件好事，但是萬一病毒外流，就會對世界帶來重大傷亡；研究毀滅性武器或許可以在未來成為保衛地球，防範外星人入侵的能力，但也可能成為自我毀滅的力量。那麼，這種研究是否應該禁止呢？

　　另外，如果政府已經禁止這類研究，但某個不以為然的科學家繼續偷偷研究，目的只是為了學術發展，或甚至是為了造福人群，這樣的行為是否值得原諒？

　　在《海賊王》的世界中，世界政府明文禁止研究散佈在世界各地的古代歷史本文，公開的理由是這種研究有可能喚醒上古

兵器，而上古兵器一旦被喚醒，將會對世界帶來重大傷害。但歐哈拉的學者們卻不顧這種危害世界的可能性，仍努力不懈的尋找歷史本文，並解讀它們。

在暫且不考慮世界政府是否還有其他特殊理由禁止解開歷史本文的情況下，我們該如何判定這種行為的對與錯呢？

歐哈拉的學者們自認為自己並沒有錯，因為研究歷史真相這件事情本身就是對的，雖然它有可能會導致不良後果，但只要做這件事的動機就只是為了做這件對的事情，那麼，依據哲學家康德（Immanuel Kant）的想法，做這樣的事情就是對的。這個道德判斷的原則是說：「**去做對的事情，即使無意間造成了壞的結果，這個行為仍是善的。**」從這角度來說，歐哈拉的學者們的確是做對的事情。

從這標準來看當今社會，全民健保政策是一個好的政策，我們應努力維護它，即使最後失敗了，推動這個政策還是對的。另外，幫助弱小的兒童是對的行為，即使兒童長大後成了連續殺人犯，這個幫助兒童的行為仍是對的。反過來說，殺人是錯的，無論是為了處罰、或是為了社會更美好。因此，凡是死刑、安樂死、墮胎，都是錯誤的行為；為了社會建設而強拆民房自然在這種道德法則下，也是不被道德所許可的。

然而，世界政府顯然並不採用這種康德式的道德判斷標準，他們更強調世界的永遠和平（至少是以此理由處理爭議）。因

為，研究歷史本文可能破壞世界和平，所以，政府明文禁止這種行為。這種道德的判定標準不是從行為本身以及做好事的態度，而是依據可預期的後果來衡量。

「只要某行為帶來不好的結果，或有可能帶來不好的結果，就是惡。」這種道德判斷標準是從發生的後果以及可預期的後果來衡量一個行為與政策。

在當今社會，許多反核人士的思維屬於此類，他們認為核能電廠可能會給當地帶來難以承受的傷害，因此，即使災難尚未降臨，核電廠的存在即是一種惡。就像反核人士反對建立核電廠一般，世界政府明文禁止研究歷史本文，而且訂下了「死罪」的最高刑罰。

然而，歐哈拉的學者們清楚知道這項法律，但卻明知故犯，這怎麼辦呢？「當法律明顯失當時，就不該執行。」這是薩烏羅中將的看法，這種看法潛藏在許多人的心裡。例如，我們常常覺得無心之過是不太需要處罰的，就算要處罰，也應該輕一點。另外，如果有人跳進禁止游泳的海裡救溺水的人，若仍被處罰，則似乎是荒謬的事情。

但是，這些觀點事實上都仍有可議之處，但大多數人都在某個時刻、以及某個爭議中，堅持自己的判斷，於是乎產生了爭端。爭議的雙方可能都認為自己站在正義的一邊，而對方則屬於

邪惡的陣營，在兩邊可能都是好意的情況下，互相批評與攻擊，產生更糟的後果。

自認為自己站在正義一方的薩烏羅，背叛海軍並從獄中救走小羅賓的媽媽（也是歐哈拉考古學者），並且親自帶她回到歐哈拉。但在這個時候，歐哈拉已經被海軍艦隊所包圍，並準備讓所有平民離開，而將所有犯了死罪的學者就地正法，並毀掉島上的一切研究成果，讓全島成為一個廢墟。

憤怒的薩烏羅開始攻擊海軍，由於他是巨人，可以將整艘軍艦搬起來並丟去撞其他軍艦，力量強大，對海軍造成極大的威脅，這時大將青雉出面對付他。薩烏羅知道自己絕非青雉的對手，也知道青雉是講理的人，於是對他說：

你覺得這次的攻擊值得誇耀嗎？這只是示眾吧！要因此（研究歷史本文）而讓歐哈拉消失，太奇怪了吧！

也就是說，薩烏羅不僅認為不該執行失當的法律，而且為了「示眾」而做的處罰也是不對的。

在我們的社會中，也常常有所謂殺一儆百的作法。為了讓法律能有效發揮嚇阻力量，往往會先找一兩個倒楣鬼下手。例如，店家提供免費塑膠袋在法律上是被禁止的，但長期下來，這個法

令幾乎已經沒在執行，所以，許多店家都不再理會，否則當別家提供免費塑膠袋，而自己守法不提供，可能會成為守法的呆頭鵝，遭受生意上的損失。

在這種時候，政府若突然想要取締了，就找幾家倒楣鬼店家，開出巨額罰款，上新聞媒體示眾後，就能有效禁止這種行為。而被罰的店家即使心裡不服，也無話可說，因為法令明明白白擺在那裡。但是，這種執法方式等於是設下陷阱一般，害人上當的不正義作法。因此，在薩烏羅心中，他選擇「不服從」。

但是，顯然青雉不同意他的作法，他說：

如果這是為了今後的世界，就無可選擇，而且，這些學者也的確犯法了。

也就是說，青雉認為，為了世界的未來著想，這種把犯法者示眾的處罰方式是可以接受的。這裡顯示出一種結果論的主張，但要注意的一點是，青雉並不算是一個完全的結果論者。真正的結果論者是當時的赤犬中將，他下令把載送島上平民的運輸艦也砲擊摧毀了。理由是，「萬一有學者藏在裡面就會對世界和平帶來巨大的威脅。」這個觀念符合青雉的第一句話「如果是為了今後的世界，就無可選擇。」

但青雉並不同意用這種「寧可錯殺一百也不能放過一人」的處事原則，來殘害無辜人民。所以當平民運送艦被摧毀時，青雉也說：

徹底的正義有時會令人瘋狂。

對青雉來說，如果對未來是好的，惡法也應該執行。但也還要視情況而定。

如果為了未來，而傷害無辜，則是令人無法接受的，即使對未來有幫助也是一樣。這種觀點算是義務論與結果論的混和體。事實上，社會上多數人的道德觀是依據這種混和體的道德原則，而這種原則的應用（何時該轉換不同的道德評價原則）常常是依據個人直覺判斷，很難讓所有人有著共識。

講到惡法，就會聯想到古希臘哲學家蘇格拉底，蘇格拉底主張：「惡法也是法，應該要遵守。」蘇格拉底算是遭人陷害而被判死刑，但整個法律程序是沒有問題的。雖然整體來說，判他死刑的法是惡法，但他還是服從接受而不願逃走。因為，他認為法令若是不彰，將帶給社會更大的壞處。然而，這裡所談的其實也

不太相同，惡法是否要遵守，和是否要執行，也是兩種不同的問題，兩者都一樣很有爭議。

有些國家禁止某些政治相關主張的書籍，或是限制某一些透過網路獲得的資訊，這在許多人眼中，屬於惡法，認為所有資訊都應該要開放，所以，他們不願意遵守。因為這些不守（在他們心目中是）惡法的人，也沒有計畫做任何壞事，只是想知道一些被政府禁止的資訊而已。所以，不會認為自己在做任何不道德的事情。

歐哈拉的學者也類似，認為禁止研究歷史真相的法律是惡法，所以不願接受。薩烏羅認為惡法不該執行，但青雉卻認為應該執行。而赤犬則認為應該徹底執行。

這個爭議基本上很難獲得共識，如同青雉對薩烏羅所說：

正義會根據立場不同而改變形式，所以我不責備你的正義，但如果你阻礙我的話，我就不能放任不管。

這裡青雉對這種善惡的爭議提出一個解套方法，也就是「互相尊重」。在某些情況下，這不失為一個好方法。當我們具有不同的正義觀時，很難互相說服對方，那就互相尊重吧！

但是，當一方的正義被另一方視為不正義，或甚至是邪惡

時，這種折衷方案就顯然無效了。因為，一個正義之士，怎能容許邪惡在眼前發生而不去制止呢？所以，到了這種地步，就轉變成一個更糟的局面，誰拳頭大誰說了算！由於青雉比薩烏羅強，所以打倒了他，讓他的正義觀不再具有影響力。而赤犬與青雉決鬥之後，赤犬獲勝，海軍的正義便由赤犬來帶領。

　　然而，這種情況雖然很糟，但在生活中發生的機會並不算太高，因為大多數的衝突並不只是因為正義立場的不同，否則，這大部分可以找到折衷方案。真正的問題往往在於正義只是藉口，而衝突的背後，卻是隱藏的私心在作用。就歐哈拉事件來說，世界政府的真正用意並非防止世界和平被破壞，而是企圖掩蓋某種對其不利的真相。所以，這種正義名目背後的東西，才常常是衝突爆發的真正理由。而這些衝突，是難以預防的。有時連當事人都不太清楚。

哲學小教室

蘇格拉底

　　蘇格拉底和孔子一樣，大約誕生於兩千五百年前。他和其學生柏拉圖，以及柏拉圖的學生亞里斯多德合稱為「希臘三哲人」。他們師徒三人可說是西方哲學的奠基者。

　　有一天，蘇格拉底的友人獲得一個神諭：「蘇格拉底是最有智慧的人（沒有人比蘇格拉底更有智慧）。」於是，自認自己很無知而感到疑惑的蘇格拉底，開始去拜訪一些知名人物，並且詢問他們（自以為知道的）各種知識。當這樣的對話開啟後，蘇格拉底便不斷往問題的更深處探索，最後，沒有人可以回答那些最根本的問題，像是「正義的本質是什麼」之類的。蘇格拉底認為，當這些最根本的問題都無法被確認時，我們怎麼能夠說我們知道些什麼呢？這些名人就這樣一個一個被問倒了，並且被迫承認自己的無知。最後，蘇格拉底終於瞭解，為什麼神諭說他是最有智慧的人了。那是因為他知道自己的無知，而別人卻不知道這點。

　　當蘇格拉底跟這些名人在對話時，旁邊跟隨著許多的年輕追隨者，這些年輕人也學蘇格拉底的問話方式，使得許多名士惱羞成怒。於是他們便聯合起來控告蘇格拉底，罪名之一就是腐敗年輕人。最後，在某種程度上被操控的民主投票中，蘇格拉底被判處死刑。

　　在獄中，蘇格拉底並不在意自己的生命，照常利用會客時間教導

學生們哲學思想。當幾位學生安排好蘇格拉底一家可以逃往國外時，蘇格拉底卻拒絕這個「好意」。理由之一是，他尊重司法，反對破壞司法體制。他不願意為了自己的生命，違背他奉行的哲學。或許，也是因為這種大無畏的精神，給予學生們強大的精神力量，讓柏拉圖寫出了著名的《對話錄》，對後世有著深遠的影響。

正義的典範。

「徹底的正義」
其實不是正義。

　　每個人或多或少會有不太一樣的正義感。也就是說，面對相同的事情，不同的人，可能會有正義與不正義的觀點差異，而且互相很難說服對方。

　　但是，在大多數情況下，人們還是會有共識。例如，欺壓弱小的人和保護弱小的人相比較，我們當然認為保護弱小的人站在正義的一方。

　　那麼，我們可以思考一個問題，在依據我們所具有的共識基礎上，是否可以在《海賊王》的世界中找到正義的典範呢？

　　首先，我們可以發現的兩個基本共識，是由當代正義理論哲學家羅爾斯（John Rawls）所提出來的。第一就是「公平公正」；

121

第二則是「不應為了多數人的福利而犧牲少數人。」

　　如果有某種制度是為了少數人而設立，像是只有政府高官子弟才能享受到的考試制度，考取後直接當大官，這樣的制度就是不公平的制度，而設立這種制度的政府就是不公平的政府，也就是不正義的。像是在《海賊王》的世界中，打著正義招牌的世界政府，給予那些開創世界政府領袖的子孫們（天龍人）非常大的特權，甚至可以任意殺人也不違法。制定這種制度的世界政府自然不可能真正代表正義。因為，他們違背了最基本的公平原則。因此，穿著「正義」外袍的海軍，由於必須聽命於世界政府，也不可能真正代表正義。

　　看似剛正不阿的海軍新任元帥赤犬，則違背了第二條原則。在赤犬心中，為了要讓軍紀嚴明，順手殺了逃兵，或甚至是在他心中「觀念不正確」的人也都該殺，因為這樣才能貫徹命令，達到維護世界和平的目的。這是「為了多數人的福利而去犧牲少數人」的行為。由於逃兵或是戰時不服從的軍人本身的確屬於罪犯，這種行為的爭議較小。更極端的例子是在歐哈拉，為了防止有學者混進平民運輸艦中，他甚至將整船的人殺了。所以，他所依循的道德原則，是可以為了預防世界被破壞這種大多數人的利益，而犧牲少數無辜人民。就像在我們的世界裡，許多政治人物認為只要多數人願意都市更新重建，就可以不管少數不願意拆遷

的人，而強制執行。美其名是為了多數人的福利，但是，這卻違背了基本的正義原則。即使合法，也不改其不正義的本質。所以，赤犬無法成為正義的典範。

因此，當歐哈拉平民運輸艦被炸毀時，在青雉大將心中所謂的「徹底的正義」其實不是正義，只是一種徹底的「效益主義」或是「結果論」。也就是說，效益主義（以給最多人最大幸福為最高指導原則）與其他結果論（從行為的後果來衡量行為的善惡）的想法，都不適合被當作正義的道德判斷原則。否則，我們便會發現一些可笑的推理。

例如，在歐哈拉事件中，原本小羅賓要被送上平民運輸艦離開，但被當時的 CP9 情報頭子斯帕達因所阻止，因為他認定小羅賓也是學者，應該和那座島一起被殲滅。然而，由於運輸艦後來被擊沉了，所有上船的人全被殺了，這反而導致 CP9 情報頭子阻止小羅賓上船的行為，成了解救小羅賓的舉動。從結果論來看，原來他才是羅賓的救命恩人，是真正的正義之士。導出這種結論，將會是很滑稽的事情。

第三個正義的基本準則，就是我們一般所謂的「捍衛正義」或是「主持正義」。也就是說，看見不公平的事情，或是看見倚強欺弱，我們需要站在弱者的一方，出面制止。

當代哲學家桑德爾（Michael Sandel）曾舉例說，他的大兒

子有時會企圖用兩張普通的球員卡和弟弟交換一張特級球員卡，而弟弟由於不懂，自以為一張換兩張是賺到了，但實際上卻是被哥哥佔了便宜。於是他便出來「主持正義」，不允許這種事情發生。即使兩人都同意，合法也合理，但這交易卻是立基於兩人資訊不對等（有強弱區別）的情況發生的。當弟弟也知道那些球員卡的價值時，就不會同意這種「不公平」的交易了。

在歐哈拉，青雉救了小羅賓，或許算是保護弱小，但是，他並不是依據「捍衛正義」的理由救人，也不是反對世界政府企圖消滅歐哈拉的荒謬法令。所以，也很難說此舉真的是在捍衛正義。相反的，決定背叛海軍的薩烏羅中將，發現了世界政府的不正義之舉，全力協助小羅賓與歐哈拉，這樣的行為，才符合捍衛正義的舉動。就像在我們的世界中，看到有人倚強凌弱時，或是公司新人被欺負時，以及老兵欺壓新兵時，只要會出面阻止的，就算是一種捍衛正義的行為。

當某些弱小百姓受到可以指揮警察部隊的強大政府欺壓時，一大群人民百姓或是學生前往支援，在不求任何個人利益的情況下，就是在捍衛正義。相同的行為，娜美在龐克哈薩特島決定解救一群被綁架的小孩；在水之都，索隆解救貧困的一家人而打敗一群討債的惡人；而魯夫一行人在沙之國阿拉巴斯坦與七武海克洛克達爾對抗、在多雷斯羅薩打敗同樣是七武海的唐吉訶德‧多

佛朗明哥，以及在和之國協助對抗四皇海道，將人民百姓從苦難中解救出來，還有像是卡普收養了剛出生就被追殺的前海賊王之子艾斯，都算是捍衛正義的舉動。

　　然而，薩烏羅與魯夫一行人都較屬於感情用事者，這就會較偏離正義的最基本原則：公平公正。

　　以實力強大的薩烏羅來說，他協助歐哈拉學者逃走可說是保護弱小而捍衛正義，但是當他生氣到開始攻擊海軍軍艦與海兵時，就可能偏離正義之路了。畢竟這些弱小海兵奉命捉拿犯人，也是處於無力反抗命令的一群人，是否也應受到公平的對待呢？

　　而魯夫一行人重視伙伴，不僅偏袒自己喜歡的一方，還會因為伙伴被政府捉了而跟政府宣戰，根本不去計較孰是孰非。就像在司法島誓死救回羅賓，對於政府為何捉羅賓、有沒有道理，對魯夫一行人來說，根本不重要，也懶得理會。只要是對伙伴不利，就全力維護自己人。這是感人的伙伴之愛，但自然也就說不上是公平公正的舉動了。在這些人中，大概只有卡普算是例外。

　　身為海軍中將，當有命令要求他捉拿自己的孫子魯夫及其一行人時，在水之島，他也一樣全力以赴，絕不徇私。而在頂點戰爭中，他雖然很不願意、很痛苦、也很反對艾斯被執行死刑，但仍公平公正的忠於職守，打敗許多白鬍子旗下的海賊。但面對魯

夫時，他至少也站在魯夫面前阻擋。他說：

> 我在你出生的很久之前，就已經在跟海賊戰鬥了！如果想通
> 過這裡，至少要懷著不惜殺了我的決心！草帽魯夫！

也就是說，在大是大非面前，卡普以魯夫的匪號稱呼他，只當他是個海賊，而盡自己海軍中將的本分，絕不徇私。這樣的行為稱得上是公平正義了。而且在頂點戰爭後，他發現自己難以繼續支持世界政府，於是放下權力選擇退休。但退休後，仍舊繼續協助政府做他認為值得做的事情，像是在魯夫已被報社封為第五位海上皇帝的同時，卡普依然保護龍宮王國的王族們前往聖地馬力喬亞參加世界會議。這些行為都屬於正義之舉。

而且，在卡普的正義理念裡，也不會有「為了大局著想而犧牲少數」的結果論觀點。所以，在《海賊王》的世界中，完全符合這些基本原則的人，應以卡普最為完善。所以，卡普可說是《海賊王》世界中，正義的典範。

唯一或許可以跟他媲美的，大概只有新大將藤虎，他在多雷斯羅薩王國發現「七武海」之一的多佛朗明哥的各種罪惡事蹟，讓百姓受苦受罪。但受法律限制，藤虎卻只能站在邪惡的一方。

雖然如此，但最後還是選擇放棄逮捕那些協助百姓而擊敗多佛朗明哥的海賊們。並且事後還針對七武海制度的不正義，代表政府向全世界下跪道歉。除了道歉之外，還付諸行動，前往世界會議成功遊說各國國王們廢除七武海制度。不願因為政府需要海賊的協助而助紂為虐，不會為了大局而選擇犧牲少數民眾。這個做法一樣是正義的典範。

　　但當然，從效益主義的角度來說，很難接受藤虎和卡普這種正義的作為了。就像當時的海軍元帥赤犬就無法接受藤虎的做法，甚至企圖要去阻止他。究竟效益主義與義務論、結果和動機，何者較為重要？這在哲學上也一直是很難下定論的話題。

哲學小教室

羅爾斯《正義論》

　　羅爾斯是二十世紀的哲學家，在他著名的著作《正義論》中，仔細的思考了正義的各種條件。其中很重要的一個觀點是所謂的「無知之幕」的思考方式。他認為，如果我們先不要思考自己的各種條件，在制定各種政策的時候，先不考慮自己是否受益以及受害，那麼，我

們就自然而然會制定出一個符合公平正義的制度了。

　　舉例來說，假設目前有兩個制度可以選擇，第一個制度是大部分的財富被少數人擁有，而多數人處於非常貧窮的狀態；第二個制度是大多數人處於小康狀態，沒有人貧窮，而小部分人稍為富有。如果我們已經處於第一種制度，而且屬於極端富有的人群，那麼，我們自然希望繼續處在第一種制度中。但如果我們不考慮自己的身分，不知道自己將會落入哪一種類別，那麼，我們會傾向於選擇較為公平分配的第二種制度。因此，從這種思考角度來解讀正義，羅爾斯認為，在效益主義中可被接受的「犧牲少數來造就多數人福利」的政策就是一個不正義的政策。因為如果我們透過無知之幕思考，我們會擔心自己就是被犧牲的族群，在這種情況下，我們大多不會願意下這種賭注。而當政治人物們在做這些「犧牲少數」的政策時，像是強拆不願意搬遷的民房來做都市更新計畫，美其名是為了多數人，但犧牲的卻都不是自己，所以執行起來很容易。但如果可以套用無知之幕的正義思考，他們大概就不會做這樣的決策了。

　　當然，任何理論都會有反對的聲音，也有人認為，這還要看人的個性。因為，如果真的要將所有財富洗牌重新分配，有些人可能喜歡下賭注，賭賭看第一個制度，說不定還有機會享受當一個大富豪的樂趣。賭輸了也就算了，不然第二個制度也太無趣了。雖然，這樣的人應該會是少數人。但若將多數人的選擇當作是正義的定義，是否也就忽略了少數族群的需求了呢？這自然也是一個值得思考的問題。

四

邏輯

謬誤篇

邏輯謬誤。

我是最高領導人，所以我最優秀，
既然我是最優秀的，我說的話就是對的。

「邏輯」指的是一種正確的推理法則，當我們運用這種推理法則時，可以保障從正確的前提，通往正確的結論。舉例來說，從 P → Q（如果 P 為真，則 Q 為真），推出 –Q → –P（如果 Q 不為真，則 P 不為真）的推理是正確的推理法則。意思就是說，不管 P 或是 Q 是什麼樣的句子，只要 P → Q 是對的，那麼 –Q → –P 也一定是對的。用實際的例子來說，假設 P 是「小明當過兵」，Q 是「小明了解軍中生活」。那麼，P → Q 就是「如果小明當過兵，則小明了解軍中生活。」如果這是一件事實的話，那麼，–Q → –P（如果小明不了解軍中生活，則小明沒當過兵）也一定是件事實。

但是，從 P → Q 推出 –P → –Q 或是 Q → P，就都不是正確的推理法則，也就是說，就算 P → Q 是事實，也不能夠保證

–P → –Q（如果小明沒當過兵，則小明不了解軍中生活），以及Q → P（如果小明了解軍中生活，則小明當過兵）是事實。當然，它們也有可能碰巧是事實。只是無法保證而已。而這種似是而非的推理，就稱為謬誤。

謬誤可以說是在日常生活中根本就不可能完全避免的事情。邏輯以及批判性思考訓練的目的，只在於盡量避免謬誤的發生，以及當謬誤發生時，我們可以發現它。但無法在我們的思考中完全根除，因為這幾乎是人們的思考本能。

謬誤不僅在我們的世界經常發生，在《海賊王》的世界中也是。而且有時某些謬誤對人的危害很大，不得不小心防範。

故事一開始，當魯夫正準備找他的第一個伙伴索隆時，遇見了海軍蒙卡上校。當蒙卡要求部下去殺一個違法的小女孩時，部下非常猶豫，認為那個違法者又不是違反什麼大不了的事情（只是偷偷拿東西給囚犯吃而已）。而且又是個小女孩，殺她實在是太超過了。但這種不服從軍令的態度令蒙卡十分生氣，於是他說：

因為我是這裡的最高領導人，所以我最優秀，既然我是最優秀的，我說的話就是對的。

　　不要以為這種話很荒謬，不會有人真的會犯這種謬誤。當這種話明確的寫出來，我們便很容易看見其謬誤的一面。因為，我們會發現，成為最高領導者，不一定是最優秀的，而即使是最優秀的人，也不一定不會有犯錯的時候。然而，蒙卡的說詞基本上還算合理，最高領導人很有可能是最優秀的，而且最優秀的人的確比較不容易犯錯。但是，身為這樣的一個人，往往會在心中自以為不會犯錯，而錯失發現錯誤的機會。尤其當這樣的想法只存在於自己心中，沒有明確說出來或是寫下來時，就很難自覺其錯誤的一面。

　　這種型態的謬誤可以稱之為「**把合理當正確**」的謬誤。這種謬誤其實深植人心。尤其是針對那些在上位者，而且曾經有許多成功與表現優秀的人，最有可能犯此類謬誤。父母與子女有意見分歧時，愈是成功的父母，就愈不會回頭反思會不會自己是錯的一方。老師與學生有意見不合時，長官與下屬想法不同時，這種謬誤都隨時在影響著人們的思考。自信愈強者，陷溺愈深。

　　但當然，成功的人以及因為有真本事而產生自信的人，確實比較優秀，思考錯誤的機會也比較低。但無論多麼優秀，「不會想錯的人」並不存在，即使很會反思，也習慣反思，「每次想錯都可以自我發現的人」也不存在。這種人一旦製造了自己不易發現的錯誤，自信心就變成了可怕的毒藥，危害自己也危害他人。

解方在於，這些錯誤容易在好的溝通過程中呈現。只要習慣養成以理服人的溝通方式，不要訴諸個人權威，就能避免因為謬誤導致的不良後果。

由於蒙卡的過度自信，導致他陷入謬誤而不自知，因此一意孤行，讓附近百姓苦不堪言，最後被仗義出手的魯夫擊敗，並且被海軍總部撤職查辦，悔不當初。避免思考謬誤，就能避免許多錯誤想法與不當行為，進而避開許多的危險與損失。

另一個謬誤的例子是，當騙人布告訴可雅，她的管家企圖殺她並且併吞她的家產時，可雅沒有進一步深究為何騙人布這麼說的理由，而直接認為他是為了報復管家而毀謗他。這裡她犯了「**輕率因果連結**」的謬誤。輕率的用「騙人布想報復管家」為因，來連結「騙人布說他想併吞家產」的果。然而事實上，正確的因果連結卻不是如此，而是騙人布偷聽到管家和另一個海賊的談話。如果可雅不要這麼快下結論，多問一句「你為何這麼認為？」等到騙人布說出原由，誤解就有可能不會發生了。

但是，由於騙人布常常說謊騙人，導致可雅認為，只要騙人布說出任何聽起來很荒謬的話，就是他在騙人。這裡則隱藏了「**以偏概全**」的謬誤，用少數個例，來推論全部。以騙人布說過的一些荒謬謊話為前提，推出所有騙人布所說的荒謬言論，都是謊話。而又剛好可以有很好的因果說明為何他要說謊，因此，在

兩個似是而非的推理（謬誤）合作下，人們就更容易製造錯誤推理而產生錯誤信念了。這個錯誤差點促使其他家庭工作人員與自己的生命喪失，幸好有魯夫一行人（當時只有魯夫、索隆以及娜美）以及騙人布的努力，才能化險為夷。

另外，世事難料，即使理由很充分，如果事情嚴重也要再進一步求證。例如，在可可亞西村，跟隨索隆的兩個小弟親眼看見娜美殺了騙人布，並且去告知索隆和魯夫等人，要是他們沒有進一步求證就殺了娜美替伙伴報仇，就會犯下無可彌補的大錯，因為娜美實際上是為了救騙人布而在惡龍海賊團面前假裝殺他，而且刺殺後流出的血，還是娜美在自己手上畫出的傷口。這種因錯誤解讀某人的言語或行為而加以批評的，稱之為「**批評稻草人**」的謬誤。

然而，謬誤並非全是不好的，有些謬誤其實對人很有幫助，例如，父母常常會曲解小孩的某些想法或行為（例如，從小孩手中拿走一顆他不想吃的糖果，並曲解成他要拿給父母吃）而大加讚美「你好棒呢！」這犯了「**錯誤解讀**」的謬誤，但這種謬誤沒什麼不好。就如同在加亞島時，尋找黃金鄉的蒙布朗·庫力凱對魯夫說：

記住，世上沒人可以證明黃金鄉和空島是不存在的（這裡他暗示，它們都是存在的）。或許，別人會說這是我編出來的歪理，可是這樣想有什麼不好呢？這就是男子漢的浪漫！

在蒙布朗的推理中，他從「沒人證明黃金鄉和空島不存在」推出「黃金鄉和空島都存在」，這種推理形態稱之為「**訴諸無知**」的謬誤。不管是「把不能證明存在的或是看不見的，都當做不存在」，或是「把不能證明不存在的當作是存在」，都算是訴諸無知的謬誤。最常見的例子是，有人主張「沒人可以證明神不存在，所以神存在。」或是在騎車時，我們會自然而然把看不見有人、車的地方都當作沒人沒車，因而容易發生危險。像是經過巷口時，或是在彎曲的山路逆向超車時，這些謬誤都很要命。

但是，只要我們自己知道這是謬誤，就自然會去評估其危險性，對於無傷大雅的，就算犯謬誤也無妨，就像蒙布朗說的，故意做這種錯誤推理去追求夢想，不是也挺浪漫的嗎？

事實上，如果一件事情、人，或是一個地方真的不存在，除非我們能窮盡一切可能的去尋找，否則，根本不可能證明其不存在。如果神存在，我們或許有機會證明祂的存在；但萬一神不存在，我們如何可能證明祂不存在呢？但對於信徒來說，如果相信

神的存在，真的可以給自己帶來更幸福、安心的生活，又何必在意證明與否的問題。

有謬誤最好自己能夠知道，但知道後，如果沒什麼壞處，尤其是跟自己追求的夢想相關時，也可以根本不要理會它。而這的確是挺浪漫的。

哲學小教室

邏輯謬誤

日常生活中我們不可能每件事情都做精密的邏輯推理。這麼做可能很快就把我們一天的精神耗盡了。所以，人類演化成只做大略的簡單推理，只要大多數情況都對就夠了，等到很重要的事情再來做仔細的分析與推理。但這樣的天性，就導致謬誤的發生。

除了上面談到的幾個邏輯謬誤之外，日常生活中常見的還有「不當類比的謬誤」「非黑即白的謬誤」「廢話的謬誤」，以及「歧義的謬誤」等等。

舉例來說，有一天我在一個山中步道上看見一隻很兇的鵝，我在想，通常遇到很兇的狗時，就靜靜的從旁走過去，只要不要驚嚇他，他就不會咬人。於是我就用相同的方法應對，但是我卻被鵝啄了。在

136

那時的推理裡面，我把鵝和狗做類比，雖然他們的確有相似之處，都屬於人類飼養的動物，但在是否會攻擊人這方面卻是與其相似處無關的，不適合做類比。也就是說，我的推理犯了一個「不當類比」的謬誤，於是慘被鵝啄了幾下，所幸，沒有受傷，只是受了點驚嚇。

「非黑即白」的謬誤則是用不當二分法來推理。例如，如果一個人不支持國民黨，就認為他一定是支持民進黨。但事實上，除了這兩個選項之外，還有很多其他選項。但由於這兩個選項是最大宗的，這很容易讓我們忽略其他可能性。

「廢話」的謬誤則是把沒有什麼建設性的必真句，當作是很有價值的話來說。像是「不應該做太多工作；應該要適當休息」之類的。句中只要有「不應該太過」或是「應該適當」都是必然正確的句子，這樣的句子在某些勵志上或是提醒上或許有幫助，但他本身並沒有攜帶什麼有建設性的意義。尤其政治人物平時喜歡說這些不用擔心錯誤的用語。

而「歧義」的謬誤則是在推理中，某個字詞有兩個不同的意義同時被使用。最常發生在兩人的對話中，對某個字詞有不同的意義時，這樣的對話可說是雞同鴨講，很容易導致誤解。

符號學

既然已經準備要搶奪了，
為何還要掛海賊旗來表明身分呢？

符號學家主張，「**當意義不在場時，就需要符號。**」也就是說，當我們需要某種特定意義被傳達，而且這個意義並不在溝通的現場時，就需要符號的協助。因此，在不斷需要各種想法溝通的人類社會中，就自然創造了許多種類的符號。

到了現代，到處都是符號。藉由符號，表達意義。只要大家對符號的意義有共識，溝通的目的就可以達成。

在《海賊王》的世界中，大家都知道 MARINE 代表海軍，而 ✛ 代表世界政府，於是，只要有這些符號，就成功傳達了某些意義，完成溝通的目的。所以，當魯夫一行人在司法島上用火焰彈射穿代表世界政府符號的旗幟時，就等於向世界政府宣戰。

雖然，符號的功能是傳達訊息，但在這整個傳達訊息的過程中，究竟是什麼樣的訊息被傳達、以及什麼樣的訊息被接收，這

就會關聯於符號的幾種不同意義：

· 符號的原始意義：符號本身就具備的意義。

· 符號的公共意義：一個符號在整個社會脈絡中，被公認的意義。

· 符號被使用的意義：一個符號在被使用者使用時，其所想要表達的意義。

· 符號被傳達的意義：一個符號在被接收者接收時，其所理解的意義。

　　當一個符號的四種意義都完全相同時，這會是一個完美的符號表達與溝通。然而，一個符號可以沒有原始意義，只要後三個意義相同時，就是一個符合正常社會習慣的溝通。然而，如果有人不依照一個符號的公共意義來使用，但溝通雙方對某符號有某種程度的共識，也能達成溝通的目的。只不過，誤解的機會與程度會相對較高。因此，只要在後三種中，有一個意義不同，那麼，符號的訊息傳遞任務就會造成某種程度的錯亂。

　　針對第一點，許多符號學者認為，所有符號的意義都是被設定的，不存在有符號的原始意義。當然，任何符號都是被創造的，意義都是在被創造之後才會有的，所以，一個符號在被賦予意義之前，若有屬於自身的意義的話，這似乎是很荒謬的。

然而，從某個角度來說，有些符號的確可以自行攜帶一些特別的意義。這意思是說，當一個閱讀符號的人第一次看到該符號時，就會產生某些特別的感覺，而這樣的感覺就可以視為一個符號的原始意義。

就以在《海賊王》世界中的海軍與世界政府的符號來說，至少它們都具有平衡與對稱之美，若是歪歪斜斜，給人的感覺鐵定不一樣，至少這樣的符號讓人感覺較為「正派」一點。這是其符號的原始意義可能造就的感覺。

以海賊旗來說，雖然每一個海賊團的旗幟符號都各有其特色，但是幾乎所有海賊旗都有一個骷髏頭作為整個海賊旗的核心圖形。為什麼一定要用骷髏頭這個圖形作為海賊的象徵符號呢？

我們可以想像，當歷史上第一艘海賊船使用骷髏頭作為旗幟的符號時，這個符號並沒有其公共意義。但是，當海上航行的人們看見這個符號時，即使沒有共通的約定意義，也很容易讓人聯想其為海賊。因為，這個符號所使用的圖形，其本身就帶有死亡的聯想，因為人死後會變成骷髏。而這樣的自然聯想，就容易產生「海賊」的解讀，因為海賊正是在海上會帶來死亡的一群人。因此，人們為了避免死亡，只好趕快把財物都拿出來，這也就達成了該海賊旗產生威嚇作用的目的。所以，第一個將骷髏頭拿來做為海賊旗的人，實在是符號創作與傳媒的天才。於是，所有海

賊船紛紛效法，都放上一個骷髏頭作為基本符號。

　　然而，這種「符號的自然聯想」有時並不只是依賴符號本身，而必須從情境與文化的脈絡來賦予。舉例來說，當我們在餐廳裡看見門上有個「穿裙子的人」的符號時，很容易將之辨識成「女廁」的符號。即使第一次看見這個圖形，也容易產生這種聯想。但是，如果不是在公共場所，而是在某人家裡，或是符號並不是被固定在室內的門上，而是在牆上，或是住家門口，則不易產生這樣的聯想。這是情境的配合才會製造的符號意義。另外，將男女廁所分開的文化也參與了這樣的意義賦予，對一個從小就生活在沒有這種文化的人來說，如果不具備有這種文化的相關知識，將會很難理解這個符號想傳達的意義。所以，所謂的符號的自然聯想，也通常不是完全由符號本身所引起，還必須加上情境與文化的協助才能自然形成其意義。

　　以海賊旗來說，海上的船隻是這個骷髏頭符號需有的情境。如果這個具有骷髏頭的旗子插在陸地上的某個地方，則可能會被解讀成「山賊」「墳場」「輻射區」或甚至是「骨骼買賣中心」。而其所需的文化自然就是海賊文化。對於一個沒有海賊存在，以及沒有任何關於海賊知識的世界，當人們在海上看見一個掛有骷髏頭旗子的船隻時，會有怎樣的自然聯想呢？或許會覺得這是一個很有創意的搞怪船隻吧！所以，如果除去這類情境、文化、甚至關於人死後會變成骷髏的常識，一個符號將很難具有任何原始

意義。

　　然而，即使一個符號有自然聯想，當它被賦予其他意義時，其象徵一樣會改變。例如，接納喬巴的庸醫西爾爾克告訴喬巴，海賊旗的骷髏頭，象徵追求夢想的信念，「把不可能轉變成可能的信念象徵。」秉持著這個解讀，當喬巴看見醫書上某個植物有骷髏頭標誌時，就自然聯想其為「能治療一切病症的特效藥」。這是當符號被賦予不同意義時，可能產生的誤導。而這種誤導，有時是很具有危險性的。

　　也就是說，不管一個符號具有什麼樣的原始意義，只要和其後天被賦予的意義相衝突的話，後天被賦予的意義就容易抹蓋其原始意義。就像喬巴對骷髏頭符號的誤解。

　　海賊旗的公共意義，象徵著海賊。而海賊是一種在海上掠奪的職業，所以，當人們看見海賊旗的同時，這海賊旗就傳達了這樣的意義。在這種情境中，這個海賊旗的符號究竟滿足了什麼樣的「意義不在場」呢？

　　海賊為了掠奪航行中的船隻，常常偽裝成一般的船隻，以防獵物逃跑。等到接近時，才掛起海賊旗，然而，既然已經準備要搶奪了，為何還要掛這個旗來表明身分呢？這裡面究竟是什麼樣的意義不在場？如果只是要表達「我們是海賊」，那麼，掠奪行動一開始，或是只要把刀槍拿出來，身分就已經表明了，根本不

需要海賊旗的符號。也就是說，這個時候，意義已經在場了，根本不需要額外的符號來協助傳達意義。除非，要傳達的除了「我們是海賊」之外，還有其他不在場的意義。

我們可以簡單的做一個猜測，海賊旗的真正用意，並不是要表明海賊的身分，而是一種威嚇以及給自己壯膽用的。海賊有時也會遇到武裝的商船，這時，海賊們需要威嚇船上的人「我們是會帶來死亡的」，以及讓自己感覺「我們會令敵人感到害怕」來讓掠奪更加順利。這樣的符號解讀，才符合符號學分析中的不在場意義。

然而，不同的人，有時也會對符號有不同的詮釋，這就導致符號的「公共意義」，和用來「傳達的意義」會有所差距。以海賊旗來說，庸醫西爾爾克認為海賊旗代表的是強烈的信念，一種追求夢想、相信夢想一定會達成的信念。而魯夫則把海賊視為一種對自由的追求以及成為海賊王與找到大秘寶的逐夢者。因此，當他們掛上海賊旗的同時，他們對此符號的使用意義與其公共意義是不同的。而符號被傳達的意義則視情況而定。對於熟悉魯夫一行人的人來說，或是對海賊有不同想像的人們來說，就會產生不同的解讀。

也因為接收符號的人會依據自己的想法與各種知識條件，自行詮釋該符號的意義。因此，當某些特殊符號要傳達給某一群具有某種特殊知識的人時，這樣的傳達就可能會成功，而且其他接

收者將不會獲得相同的訊息。在我們的世界中，這也就是編碼與解碼的過程。當某些符號被編碼後，只有具備能解碼知識的人，才能獲得真正想要獲得的訊息。在《海賊王》的世界中，這種訊息傳遞最成功的一次，應該就是「✂️2Y」，這個符號的傳遞。

當魯夫一行人在夏波帝諸島，被臥底在世界政府的革命軍幹部——七武海之一的巴索羅謬‧大熊，運用特殊能力打散到世界各地之後，魯夫接納了冥王雷利的建議，把原本訂為三天的聚集約定改成兩年，藉此讓每個人有時間去追求成長。為了讓這個訊息能夠傳達給伙伴們，魯夫趁著記者群聚之時，返回被毀的海軍總部，弔念艾斯，並在他的手臂上寫下這個只有伙伴能解讀的符號，「✂️2Y」，讓他的影像被拍照，傳送到世界各地。這個符號的翻譯大概是：「給伙伴，三天改成兩年。」為了表達這個意義，關鍵點在於「X」這個組成符號。

「X」這個組成符號同時具有兩個意義，第一個意義是一般的「非」的意思，意指，非三天（3 Days）而是兩年（2 Years）。第二個意義則是象徵伙伴。這是當他們在阿拉巴斯坦面對會變身的對手時，想出來的代表伙伴的記號，而且，這個意義只有伙伴們知道。有了這個伙伴符號，當分散世界各地的伙伴看見報紙的報導與圖片時，就會特別留意這整個✂️2Y的符號，加上他們原來有三天聚會之約，那就很容易能夠辨識與確信這是魯夫要傳達給他們的訊息。而其他人很難解開這個意圖與意

義。因為，即使有人想到符號象徵「非三天，改兩年」，也會認為這種傳達方式很可笑，誰知道這是要給誰的訊息呢？即使是預定的接收人，也難以確認這真的是給他們的訊息。而且在不明白他們所遭遇的打不贏的情況與伙伴感情，也無法理解他們會有這樣做的動機。

另外，通常符號的每個元素，都只會有一個意義，所以，企圖想解碼的人，也由於不會把「X」視為兩個不同意義的綜合體，而永遠不可能真正解讀其意義。因此，這個符號，亦可稱之為「天才之作」。

符號不一定要是以文字或是圖畫的方式呈現。一個表情、動作、聲音，都可以是符號。

在《海賊王》的世界中，有許多符號的使用令人感到好奇，也很有分析的價值。例如「挖鼻孔」的動作，可能代表著「閒暇、無所謂的心情」。當魯夫打到司法島，面對拒絕他來解救的羅賓時，CP9 情報頭子就感到很有興趣，「這種歷經千辛萬苦來救伙伴，但好心卻被伙伴踐踏的船長，會有什麼樣的表情呢？」結果魯夫的表情符號是「挖鼻孔」。

另外，「通緝令」這個符號象徵著能力的認證，價碼愈高，能力愈強。而「披著正義外皮的海軍」則可能代表著世上的偽君子，但實際上，海軍也的確有許多真正的正義之士，這可能意味

著，不要因為許多偽君子披著正義的外衣，就一竿子打翻所有這些人。這是「以偏概全」的謬誤思考。

除了這些之外，有些符號很有趣，但不易解碼。例如，「羊」的符號。「羊」的符號雖不常見，但卻出現在幾處很重要的地方，它象徵著什麼呢？魯夫海賊團的第一艘船，黃金梅利號，曾在大風暴中迷失之後，又在他們最需要她的時候，適時出現在司法島，讓所有人成功脫困。她的船頭是羊。而海軍戰國元帥的象徵也是羊。這裡面有什麼特殊意義嗎？還是說只是一個偶然的巧合呢？這的確值得讓有興趣的人來解碼看看，究竟是什麼樣的「意義不在場」讓這個符號具有特殊的存在價值？

哲學小教室

符號學

符號學可以說是研究符號的一門學問。此處「符號」指的是任何有意義的載體，只要是能攜帶意義的任何東西，一個圖形、手勢、表情、聲音，甚至只是一個語調，都可以是一個符號。反過來說，不具有任何意義的東西，就不會是符號。因為，不存在有沒有意義的符號。

或者，可以這樣說，不具有意義的東西根本就沒資格被稱作是一個符號。所以，符號學其實就是研究意義與符號之間聯繫的形成，以及符號如何攜帶意義等相關問題的一門學問。

符號學的研究可以說是起源於二十世紀初期的哲學家索緒爾（Ferdinand de Saussure），他首先注意到符號可以區分成兩個部分：「能指」與「所指」。「能指」就是符號本身，也就是那個圖形、表情、或是聲音本身。而「所指」則是此符號所攜帶的意義。做了這個區分之後，有些有趣的問題就自然呈現了，例如，這個「能指」和「所指」的關係是什麼呢？為什麼這個「能指」可以和那個「所指」產生聯繫？為了回答這樣的問題，符號學的研究就此展開。

索緒爾自己提供的答案是：能指與所指的聯繫是任意的、隨機的，兩者之間並不存在有任何必然性。但是，這樣的解答並不令人感到滿意。因為，就算沒有一個必然性，應該也會有某種類型的關聯吧，許多例子可以告訴我們，它們之間應該不會是隨機的，就像中國古代象形文字，字形和其所代表的意義其實有相當程度的關聯。然而，這樣的關聯又是怎樣的關聯呢？又為什麼有些符號與其所攜帶的意義之間，很難找到類似的關聯？如果某些符號和其意義之間真的沒有特別的關聯，這樣的聯繫又是在什麼樣的情況下建立起來的？這些問題都還有待符號學家們的研究與解答。

真相。

正確的解答只會有一個，
但合理的解答卻可能有無限多個。

　　當人們接收到一則訊息時，除非這個訊息明顯違背我們過去的知識，否則大多會照單全收。也因為如此，我們很容易接收到錯誤的資訊，形成錯誤的知識，並產生錯誤的推理與行動。

　　在《海賊王》的世界中，人們讀到的某些歷史是假的，是由世界政府成立之後捏造的。而真正的歷史本文，卻用古代文字刻在一些石頭上被保存下來，有能力解讀真相的歐哈拉學者，全島遭受世界政府的屠殺，僅剩羅賓一人。但不知情的人們仍然相信攤在面前的歷史。

　　在西海所流傳的大話王諾蘭德的故事，說他編造一個黃金鄉的存在來欺騙國王，直到在死刑台上，他還是要騙人，瞎掰說黃金鄉沉入海底了。然而，事實上黃金鄉的確存在，他並沒有騙人，只不過，沉入海底卻是錯誤的推測，它是被巨大的上衝海流

送到了空中。魯夫為了要向諾蘭德的後代證明它的存在，奮力擊敗企圖佔有它的雷神，敲響了傳說中的天空歌聲。

在威士忌山峰，一群好客的「好心人」請魯夫一行人喝酒，但實際上是要用藥迷倒他們，領取獎金。

在多雷斯羅薩的競技場上，魯夫的另一位結拜哥哥薩波假冒魯夫參與競賽，讓看著影像直播的多佛朗明哥一直誤以為魯夫還在場上而失去戒心。

在和之國，關押魯夫的監獄發生暴動，獄卒被全面壓制。但掌管監獄的百獸海賊團三大看板之一的「疫災」Queen仍被虛假的訊息矇騙，無法即時補救。

世上各種事情，真真假假，是非對錯實在難以分辨。究竟我們是否可以找到某些方法，判定事情的真相，以及發現哲學家們一直追求著的真理呢？

哲學家卡爾‧波柏（Karl Raimund Popper）認為，「沒辦法！」因為他認為，即使是最具說服力的科學，也無法通向真理。簡單的說，科學使用歸納法來形成普遍法則，像是從「被觀察的烏鴉都是黑的」推出「所有烏鴉都是黑的」，只要沒有找到所有烏鴉，我們就無法確定這個普遍真理。而即使找到了所有烏鴉，我們也無法確認，這真的是全部。所以，我們永遠無法發現真理。

　　然而，這並不表示所有「事實真相」都永遠無法企及。至少，我們對個別的真相可以把握吧！像是今天天氣很好之類的。但事實上，如果真要去質疑，從哲學的懷疑論角度來說，我們還真的難以肯定任何一個事件真的是一個真相。

　　最簡單的方式是把整個世界想像成一個「由電腦軟體構成的世界」，就像是一個感覺很真實的虛擬實境，我們都進入了這個虛擬實境在玩線上遊戲。我們所說的「今天天氣很好」，只不過有這樣的訊息輸入到我們的大腦而已，而實際上，現在（真實世界的）外面，說不定正在下大雪。

　　而這樣的想像並不會和我們的日常生活有任何衝突。也就是說，我們真的是有可能只是在玩線上遊戲，只不過我們不知道而已。很簡單的一個想像是，當未來科學更發達時，我們很可能會開發出這種虛擬人生的線上遊戲，讓人親身進入體驗各種不同的世界，而且忘卻我們其實只是在玩遊戲而已。既然未來會發生這樣的事情，為什麼不可能現在其實就是呢？如果真是如此的話，我們便無法確認任何事物的是非對錯了。

　　然而，依據笛卡兒（René Descartes）的哲學，就算真是如此，我們還是可以確認某些真理。因為，某些事情是無論如何都不能被懷疑的。真有這種東西嗎？有的，就是**「我在懷疑」這件事情是不容懷疑的**。因為，如果我懷疑我在懷疑，那麼我就證明

了我在懷疑。由於懷疑本身就是一種思考活動，所以，笛卡兒說：「我思故我在。」也就是懷疑者的存在是確定的，或說「我」（一個主觀的思考者）是確定存在的。

但是，我們又如何從「我」的存在，推廣到各種事物的真相呢？從笛卡兒到現代，哲學家們仍然無法突破這個困境，難以證實任何事物的正確性。但是，也並非完全沒有進展。從反面來說，我們可以相當程度的證明某些事物一定不是真相，至少用這種方法先淘汰掉錯誤的知識，也是一個避免錯誤的好方法。這樣的技巧稱之為邏輯以及批判性思考。

在《海賊王》的世界中，有一個大騙局是由原來的七武海之一的克洛克達爾所主導，他欺騙了阿拉巴斯坦的人民，讓人誤以為國王使用了被世界政府禁止使用的跳舞粉，讓首都充滿雨水，但造成周圍其他地方的長期乾旱。

這樣的錯誤訊息使得許多人起來反抗阿拉巴斯坦政府，組成反叛軍，企圖推翻國王。於是成功的導致了克洛克達爾一手計畫的內戰。他企圖在這種混亂中奪取政權。

事實上，主張國王使用跳舞粉的想法是合理的，外帶加上被栽贓的跳舞粉在港口被發現，有了合理的假設，加上合理的物證，這讓許多人斷定「國王使用跳舞粉讓首都多雨而害了其他地

區長期乾旱」。這整個推理過程很流暢，但是，兩個非常重要的批判性思考技巧如果被使用，就可以預防這種輕率的論斷。

第一，合理的不一定是正確的。人們大多習慣在找到一個合理的解釋時，就直接當作「就是如此」。這樣的思考型態讓我們經常產生錯誤想法。事實上，正確的解答只會有一個，但合理的解答卻可能有無限多個，在這種情況下，找到一個合理解答就正好是事實的機會其實並不高。即使是最合理的解答，也很有可能是錯的。當我們瞭解這種合理與正確的差距，並且應用在日常生活中的時候，我們就比較容易採取下一個重要的批判性思考技巧。

第二，習慣從反面思考。以阿拉巴斯坦為例，國王使用跳舞粉是一個合理的解釋。那麼，有人故意陷害國王的可能性是不是也有呢？或者，就算真的有進口與使用跳舞粉，是否有可能不是國王的用意，而是其他人的作法而國王並不知情呢？

在這許多的可能性中，我們可以發現它們一樣是合理的。當我們能夠思考到這一個步驟，我們便會再多做一些思考與查證的工作，避免受騙成為他人竊取王國的工具。例如，只讓首都下雨而其他地方乾旱對國王究竟有哪些利益，以及哪些壞處呢？主要利益大概是增進大家對國王的尊敬，但壞處卻是國王必須想辦法協助那些乾旱的地區。只要稍微想一下就會發現，這種作法即使

沒被發現，也不是件好事。國王何必為了一個本來就沒有必要再
增加的多餘尊敬，而給自己帶來這些困擾呢？除非這個國王是個
笨蛋，但從過去大家對國王的認識來說，卻又不是如此。

　　如果思考能深入到這裡，就會發現事有蹊蹺。但可惜的是，
反叛軍領袖們並沒有察覺到這種輕率推理所可能導致的錯誤，以
及這種思考的不合理之處。於是，他們進攻首都，直到見到國王
被克洛克達爾脅持，才發現原來自己落入陷阱，因而後悔不已。
然而，這些卻都是可以事前避免的。

　　　所幸，阿拉巴斯坦的薇薇公主成了魯夫一行人的好朋友，
而他們一行人便介入了這個「閒事」，打敗整個克洛克達爾犯罪
組織，因而解救了整個國家。這也讓魯夫再一次證明自己的超強
實力，因而讓懸賞獎金升級到一億元的大海賊聲望。

　　除了上面這兩點批判性思考技巧之外，另一種很容易讓自己
看不見真相的因素，是我們習慣從自己的角度理解別人。例如，
在空島上，膽小的喬巴和實力超強的魯夫、索隆、以及羅賓一同
進入可怕的森林尋找黃金鄉。跟這麼強的伙伴們在一起，喬巴安
心多了，於是他很勇敢的說：

**　　我原來以為這個森林，會是個更加可怕的地方。什麼啊！沒
　　什麼大不了的嘛！**

索隆聽了後回答：

坦白說，我也感到很失望。昨天我們進入森林時，也是什麼東西都沒有出現，連一個神官都沒碰到。我可以理解你的心情。

其實，索隆理解的不是喬巴的心聲，而是他自己的心聲。但是，除非我們很清楚別人的某些想法和我們不一樣，在瞭解別人之前，我們常常會習慣用自己的想法去解讀別人。就像索隆那樣。

在我們的世界裡，在街道上愈是會憤怒按別人喇叭的人，就愈討厭被人按喇叭。因為，他們自然而然會從惡意來解讀別人。他們生氣時，其實氣的是過去自己對他人憤怒情緒的套用，而事實上，按喇叭的人，不見得有任何惡意。

「真相」總是一個撲朔迷離的東西，尤其當我們對某些「真相」感到憤怒時，讓我們回歸理性的批判性思考態度，質疑它、挑戰它，說不定會發現這根本只是一場誤會。那就可能可以避免一個完全不必要的悲劇。

哲學小教室

卡爾‧波柏

　　卡爾‧波柏出生於二十世紀初期，這個時代也是人們沉醉於科學進展的時期，享受著機械化帶來的便利。當時的學術界，科學開始凌駕於哲學之上，甚至連哲學界都開始有主張用科學來取代哲學的觀點。認為實證的科學才是人類獲取知識與追求真理的唯一有效管道。甚至進一步主張，「無法實證的命題，根本就是沒有意義的。」

　　然而，波柏卻對科學方法本身進行反思，並且發現「實證」這件事情事實上是根本辦不到的。因為任何科學法則都必須依賴歸納法，而歸納法無論如何使用，都不能保證其結論一定是對的。反之，真正能夠彰顯出科學特質的，不是其「可實證性」，而是其「可否證性」。亦即，有可能被證明是錯誤的命題才有資格稱之為「科學命題」。這就是其著名的「否證論」主張。在這樣的主張中，科學是不能引導人們到達真理的，而只能向真理方向前進。因為，科學命題必然保有「可能錯」的狀態。

　　在波柏之後有許多哲學家反對他的觀點，有人主張事實上科學依然可以到達真理，並且完成所謂的終極科學的目標。但甚至也有哲學家們主張，科學跟真理根本就沒有瓜葛，科學不但不能到達真理，甚至連向真理方向前進的特質也不存在。這些問題，目前也都是仍在研究與思考中的問題。

五 生命哲學篇

羅賓的取捨

小羅賓成了世上唯一能解讀古代文字的人，
她的使命就是讓歷史本文重現。

　　曾經有一個島，稱為歐哈拉。島上集合了世界上最優秀的考古學家，精通古代文字。這群考古學家發現，在八百年前有一段空白的歷史，這段空白大約有一百年，而世界政府就是在這個時期成立的。

　　這空白的歷史，被古代文字記錄在極為堅硬、無法被破壞的石頭上，並散布在世界各地。這群考古學家開始到處尋找這些石頭，並解讀真正的歷史（尤其是那失落的一百年）。但這樣的研究被世界政府禁止，理由是歷史本文也記載了可怕的古代兵器，如果讓古代兵器甦醒，將會給世界帶來大災難。因此，這些考古學家被稱為「歐哈拉的惡魔」。

　　結局是全島人民（包括非考古學家）全部被殺，所有島上的一切都被世界政府派兵毀滅。唯獨已經成為合格考古學家的小羅

賓，在大將青雉的協助下逃了出來。因此，小羅賓成了世上唯一能解讀古代文字的人。而她的使命與一生的願望，就是讓歷史本文重現。尤其是想要知道那段令全島滅亡的失落的百年史實。

帶著這樣的夢想與使命，她存活了下來，從八歲開始被重金通緝，不斷有收留她的「好心」叔叔與阿姨為了賞金向海軍告密。她就在這種不斷被虛偽的好心人出賣，不斷逃亡的經歷中長大。人與人之間，對她來說，就是互相利用的關係。直到在阿拉巴斯坦王國的秘密洞穴中，她又再一次因為找不到歷史本文而希望落空（找到的卻是她沒興趣的古代兵器下落）。在不斷失望的打擊下，她終於決心放棄這個夢想、以及背負歐哈拉全體最後期待的使命。這意味著她決定放棄自己的生命。在即將倒塌的洞穴中，選擇等待死亡的來臨。

但是，這個願望並沒有實現，在洞穴完全倒塌之前，魯夫將她救了起來。在無路可走的情況下，她加入了草帽海賊團，繼續背負使命走下去。然而，當草帽海賊團一行人遇到前海賊王的副船長雷利時，雷利告訴她，他的確知道歷史的真相，如果她想知道，他也願意告訴她。

突然之間，難如登天的夢想可以馬上如願，看起來似乎沒什麼好猶豫的，因為，「知道歷史真相」不僅僅是一個夢想，也是一個沉重的負擔。一旦知道了這個歷史真相，就等於可以放下一個負擔，再去追求其他更屬於自己的夢想，何樂而不為呢？

　　但是，仔細想想，裡面還有更值得思考的問題。

　　第一，在長期不信賴人的成長歲月中，她好不容易獲得了一批願意為了保護她而不畏強權向世界政府宣戰的伙伴。一旦她的夢想實現了，在這一群伙伴中，她會失去繼續一起航行的理由，因為，在這裡，每一個人都有著自己的夢想，在追求夢想的過程中，也協助別人完成夢想。當她完成自己的夢想之後，她當然還是可以繼續航行，協助別人完成夢想。但是，這種處境會讓自己變得跟別人很不一樣，像是多餘的人一般。這種「與眾不同」的感覺，往往令人卻步。一旦我們缺乏一種在某個團體中，眾人都具備的東西時，只要在意這種差異，就會感到格格不入。這是第一個讓她猶豫的理由。

　　第二個理由，夢想的實現除了帶來快樂之外，往往伴隨著一種空虛感。因為，原本在為夢想努力的過程中，和命運與挫折的掙扎裡，這些奮鬥的心境填滿了生命的全部。一旦夢想實現，而新夢想又尚未來臨，生命會突然呈現出一種不知該做什麼的空白，虛無的感受上升，彷彿所有的意義都已在空氣中蒸發殆盡，像是落葉後的枯枝，死氣沉沉。

　　在生命的每一個階段，大概都會體驗到類似的心理變化。每次的寒暑假，只要沒有任何計畫，突然不用去上課了，原本一直

期待的長假並沒有帶來預期中的快樂，而是帶來空虛感。從小學開始，每次畢業後的暑假，如果沒有開始為下一個階段做準備，或是沒有安排任何活動，一樣會有強烈的空虛感襲來。尤其當人們退休之後，如果沒有事先預防、事先準備，這樣的感覺會更加強烈。

當羅賓在毫無心理準備的情況下，支持全部生命的夢想一旦實現，情況會更嚴重。或許，在那猶豫的片刻，她感受到這種空虛的壓力襲來，因而決定不接受以這樣的方式完成夢想。

所以，當我們迷惑在夢想的追逐裡，常常反而弄不清楚自己真正想要的是什麼。在每一個人的人生道路上，究竟何者為重？何者為輕？有時我們自己也分不清楚，只有當我們面臨重大抉擇的時候，我們就有機會像羅賓一樣，突然發現，原本以為最在乎的事情，其實並不是最重要的。而最重要的，往往是自己正在擁有的。

較不幸的是，人們往往在失去某個東西的時候，才發現原來這才是自己最在乎的。這種由於對自己的不了解而導致的悲劇，在我們的世界中，不斷上演。但是，這是可以避免的，藉由認識自己，瞭解自己，深入內心世界，我們可以提早發現許多原本自己不瞭解的一面。

哲學小教室

認識自己

在哲學上，認識自我可以區分成兩個主要部分。第一是認識真實的自己。由於我們很容易經由錯誤的思路而錯認自己，藉由知識與思考方面的改善，我們可以把握到一個更真實的自己。

舉例來說，如果我們設計一個問卷，詢問每個人是否可以算是一個「公正」「無私」「不會貪污」「不妄想別人財物」的人。大多數人會認為自己雖然不夠完美，但大體上至少勉強可以算是。可是，如果要我們去看別人，我們會發現很多人都不太符合這些標準。也就是說，我們看別人和看自己，容易導致不均衡的結果。會造成這種狀態的原因很多，其中之一在於我們較容易看見自己的善、而容易忽略自己的惡。因為當我們出現某些惡行時，我們自己都會很清楚知道其緣由，因而容易原諒自己，也就認為自己不是「那種人」了。但習慣上卻不會用相同的方式對待其他人，所以，別人很容易會變成「那種人」。而既然我們不是那種（壞）人，那就當然是「另一種（好）人」了。這是錯誤推理所導致的結果。

認識真實自我主要的方式除了必須先除去錯誤推理的誤導之外，還須經由直觀的把握。當念頭興起的時候，直接看見它，不管是哪一種喜怒哀樂、好的念頭或是壞的念頭，都是屬於我們真實的一部分。

認識自我的第二個主要部分是去認識一個更深層的自我，或是所

謂的本我、本心。也就是在除去各種知識與情感迷霧之後，所呈現出來的自我。當人們堅持的想法愈來愈少時、各種情感追逐的目標降低時，本心就自然會逐漸呈現。我們自然就可以認識更深層的自己。

在當代西方哲學中，「自我」究竟是什麼？也成了一個熱門話題。一個很有趣的答案是，我們很可能無法在組成萬物的物質世界中，找到一個可以對應「自我」的東西，簡單的說，它有可能只是一種錯覺，經由一連串的感官感覺、加上思想的運作，所形成的一種虛構的事物。當然，目前來說，這只不過是個理論而已。

白鬍子的愛。

即使是個笨兒子，
我還是會疼愛你。

　　大多數海賊的最終目的是為了追求名聲（成為海賊王）以及
財富（找到大秘寶）而出海冒險。但是，號稱在前海賊王哥爾羅
傑死後的最強海賊──白鬍子愛德華・紐蓋特，對這些都不感興
趣。他當海賊的目的非常與眾不同，是希望擁有如同家人般的伙
伴。他把所有他的船員以及追隨者全部當作自己的兒子，而且決
不容許任何人傷害他們。

　　所以，有海賊獵人稱號的索隆曾說過，「當賞金獵人的第
一堂課就是必須先熟記白鬍子的記號。」意思是說，凡是白鬍子
的人就不可以動他，否則一定會遭殃。所以，只要被白鬍子視為
家人，就受到白鬍子的絕對保護。

　　這種愛，並非將所有人一視同仁，它是偏袒的。這種「偏心
的愛」遭受許多哲學思潮的反對。中國古代哲學家墨子主張「兼

愛」，認為我們要對所有人一視同仁，不去管對方的國族、家族，也不去管對方的信仰與文化，只要是人，我們都一樣去愛。所以，墨子及其弟子在戰國時代，會去協助被侵略的國家守城，這種情操自然是偉大的，但是，這樣的思想卻難以發揚光大。因為信徒紛紛戰死沙場，而有如此胸襟的人又不多，因此，春秋戰國時期過後，墨家便式微了。

在西方，基督教思想也認為差別待遇是不好的，因而主張「博愛」，四海都是一家人，只要是信徒，就是家人。如果世人全是基督徒，那就所有人都是兄弟姊妹了。在這個大家庭中，神是真正的大家長，人們應該打破舊有的家庭觀，在神的大家庭中，不分親疏彼此，大家都是一家人。

然而，站在白鬍子這一邊的哲學，屬於東北亞主流思潮的儒家，認為我們不應該一視同仁，而應親疏有別。儒家代表人之一的孟子認為，墨家的思想等於是不把父母放在眼裡。簡單的說，子女盡孝、或是父母對子女的愛，都大過我們對陌生人的愛，這是家庭人倫的重要情感，而兼愛與博愛，等於是破壞家庭這種非常重要的人類情感，子女將父母與其他陌生人等同，而父母也將子女視同其他小孩一般，這是不自然的，而且是破壞家庭和諧的。

當然，主張兼愛與博愛的人會反駁說，我們要對待別人的父母如同自己的父母，而對待別人的子女，就如同自己的子女一

般，這樣不是更好嗎？如果大家真能做到如此，那就天下太平了，但問題在於，人們似乎很難真正做到這種程度。

哲學家弗洛姆（Erich Fromm）認為，真正的愛，是屬於無私的愛，這種愛不是為了個人任何利益，而是無條件的付出，而這樣的愛通常只會出現在父母對子女的愛上面，我們有可能對陌生人產生無私之愛嗎？

白鬍子把他的船員都當作自己的兒子，雖然非自己所親生，但他仍然做到無私之愛的程度。

最動人的一幕，發生在頂點戰爭，追隨白鬍子的海賊史庫亞德受了海軍的欺騙，誤以為白鬍子為了救艾斯而出賣他們眾多的追隨者，於是企圖刺殺白鬍子，在背後捅了他一刀。受了重傷的白鬍子並沒有回頭攻擊史庫亞德，卻說：

史庫亞德，你居然對自己的父親動手，真是個無可救藥的笨兒子。

說完，白鬍子蹲下來，將史庫亞德攬在身邊，並且接著說：

即使是個笨兒子，我還是會疼愛你。

通常，絕大多數人的「愛」是有條件、有目的的。例如，對於情人們來說，無論是男是女，當愛上對方時，會全心付出，為對方做出許多奉獻，但是隱藏在內心的目的卻是希望對方更愛自己。而如果在付出過後，情人愛上了別人，這時反而會變本加厲的痛恨對方。自認為付出愈多的，恨意就愈強。這種愛，是有條件的。

事實上，大多數人的愛都是有條件的、或是有其他特殊目的的。即使某些人為情人而死，或是為國捐軀，也大都是為了希望別人更記得自己，或是為了名留青史。但是唯獨父母對子女之愛較有可能沒有條件，沒有目的。或是說，目的並非為了自己，而單純是為了子女著想。

白鬍子出海的目的是希望擁有家人，把他的跟隨者都當作自己的子女，為他們付出，不允許任何人傷害他們。他的愛不求回報，只享受付出的過程。事實上，「有人可以接受我們的付出」這件事情本身就已經是很幸福的事情了。但人們常常會被某些觀念弄昏頭，認為別人不回報就是被佔便宜，成了吃虧的一方。這種觀念常常讓人錯失付出的樂趣。

只有當沒有條件的愛出現時，或是無法有回報的付出時，我們才能體會付出的真實樂趣。前者通常需要等到有子女的時候

（即使是認養也行）才能體會。而後者在日常生活中偶爾會出現，像是做志工，或是在路旁被問路。當我們擺脫了「付出而沒有回報是吃虧」的觀念之後，就能體驗付出本身所帶來的喜悅了。

　　白鬍子的愛是無私的，但是卻是有所分別的。就像當今許多父母，不允許別人欺負他的小孩，但是對於自己的小孩欺負別人時，卻睜一隻眼閉一隻眼。這種差別待遇正是引起眾多社會問題的主因之一。從家族到國族，從家庭之間的紛爭，到國家之間的紛爭，甚至形成對眾人都有害處的戰爭。這也是為什麼墨子要談兼愛，以及耶穌要談博愛了。

　　然而，如果兒子們之間互相爭鬥，甚至其中一個殺了另一個時，該怎麼辦？白鬍子也的確遇到了這樣的困局。黑鬍子汀奇原本也是白鬍子的追隨者，當他發現了夢想中的黑暗果實時，這果實正被另一個白鬍子的追隨者所擁有，於是他殺了他，盜取了黑暗果實而逃離白鬍子海賊團。依據內規，這是死罪。而在頂點戰爭，白鬍子曾說，「只有你（指黑鬍子），我無法把你稱為兒子。」但是，當白鬍子打敗汀奇而要取他性命的時候，汀奇求饒了，最後，白鬍子還是無法下手殺他，畢竟，他也是自己的兒子啊！無論他曾做過多麼壞的事情，也下不了手。這就是發自人類原始內心的「無私的愛」。

在我們的世界中，曾有過一則新聞。兒子犯下了滔天大罪，父母一同出現在電視上，母親含著淚，什麼也沒說，父親則對社會大眾道歉，並說，「這個兒子若被警察找到，就直接殺了也沒關係。」在這句話的背後，那一股無私的愛，化成辛酸的淚水，在一群無知叫好的群眾歡呼聲中，默默滴落在許多同情者的心裡。

隨著白鬍子戰死在頂點戰爭，這股無私之愛，也隨風逝去。可悲的是，他沒能救回艾斯，但令他在死前振奮的是，他終於見到傳承Ｄ的意志的人物出現了。於是，他接續前海賊王的一句話：

大秘寶是真的存在的！

於是，更多的築夢青年成為海賊，航向偉大航道。有個偉大的使命，正在許多人的命運中醞釀著。

哲學小教室

弗洛姆《愛的藝術》

在《愛的藝術》這部作品中，弗洛姆除了特別強調無私的愛之外，他指出了一個大眾都忽略的盲點，就是我們都誤以為自己天生就懂得愛，知道如何去愛，但事實上，弗洛姆主張：「愛是一種大多數人都不擅長的技能，它是需要學習的。」

大多數人對愛情的態度是「等待」或是「追求」一個對的人，然後開始一段戀情。會這樣想是因為大多數人把談戀愛對象類比成一個東西，例如，愛上一首歌、或是一個藝術作品。在這樣的類比中，愛情最重要的是找到值得愛的對象，這是不需要學習的。但是，這樣的類比卻是不適當的。因為，戀愛的對象是活的，是和自己一樣，擁有感情的人。

弗洛姆認為，雖然也有些人會為了戀愛而學習，但卻不是學習如何去愛，而是學習如何把自己打扮得更有魅力，或者學習如何追求。這些並非不好，但卻不是愛情中最重要的學習。

學習去愛，首先必須瞭解愛的對象，也就是瞭解真實的人性。人的思考、人的需求、人的情感變化、以及人們在意的事情。另外，還有人與人之間的不同點，尤其是男人與女人的差異。只有在瞭解了愛的對象之後，我們才可能知道要如何去愛。

除了必須瞭解愛的對象之外，也必須理解與實踐「付出」的真正意義。在日常生活中，「付出」就是減少了一些東西。但在愛情的世

界裡，付出讓我們享受到喜悅、享受到了對方感受到你的真誠後的欣喜、甚至感受到了自己能夠付出的能力，因而強化自己在愛的世界中的信心。所以，在戀愛中，付出有時所獲得的比失去的還要更多。當我們認知到這樣的情形時，就自然不會覺得付出是一種損失，甚至為了有人願意接納自己的付出而感到感激。在這種心情下，自然也就不會要求別人要有一樣的付出了。

　　除了這些關於愛的各種知識之外，弗洛姆認為有些技能也是需要學習的。像是如何正確的付出才不會讓人感到是一種負擔，如何與人交談、相處、溝通、以及分享。這些事實上都是需要學習的技能，像是學習一門藝術一般，必須不斷練習，才能做得更好。

黑鬍子的美學。

愛好和平的無趣人們，以後就是我的時代了。賊哈哈哈哈……

在《海賊王》的世界中，黑鬍子汀奇算是一個最受爭議的人物。他有著和魯夫一樣的夢想，想得到大秘寶以及當上海賊王。但相對於魯夫的莽撞、以及把夢想的追逐視為遊戲的心態來看，汀奇的作法不同，他更有計畫的向夢想前進。首先，他進入白鬍子海賊團，目的就是獲得黑暗果實的力量，不惜殺害同伙奪取果實。而後打敗億元以上通緝犯（原本目標是魯夫，後來變成是艾斯）來爭取七武海頭銜。再依據這個身分進入大監獄，把最強的犯人放出來成為伙伴，因而組成最強的海賊團。再進一步奪取了白鬍子的惡魔果實能力，進入新世界後繼續招兵買馬，勢力更加茁壯，取代白鬍子而成為四皇之一，順利走上完成夢想之路。

他雖有著計劃，但絕不能算是一個陰險小人。他提得起，敢和強大的白鬍子對戰；也放得下，當他被打敗後可以立刻求饒，

完全沒有面子問題。而且，對夢想的實現與否也放得很開，萬一不小心失手了，就算失去性命，也絕不反悔。

其實，和魯夫類似，他的計畫大多也是亂七八糟的計畫，冒的風險都太大，若不是有個好運氣，或是上天的眷顧，老早就滅團了。像是在加亞島企圖要捉拿魯夫時，就差點被上衝海流給淹沒，而在大監獄也一時太輕敵被典獄長全部打倒，所幸剛好有海軍背叛者救他。整群人做起事來很隨性、不拘小節，划個大木筏就進入了最危險的「新世界」海域冒險，直到整艘船被毀了，只好捉一個海賊團來，要求和海軍換軍艦，結果等到的，卻是海軍新元帥赤犬親自來捉拿他們。在這種危險情況下，只好逃之夭夭。

黑鬍子也是個相信命運安排的人。既然該死沒死，就注定要好好幹一番大事業吧！但可惜的是，白鬍子認為，真正繼承海賊王「D的意志」的人，並不是他。雖然他的名字也有一個D字。

從道德價值觀的角度來看，黑鬍子絕對是個不道德之人，因為他為了心目中理想的惡魔果實殺了同船的人、為了七武海之名擊敗原本的隊長艾斯，還促使艾斯被海軍逮捕，進而引發馬林福特頂點戰爭。另外，他還放出了好幾位惡名昭彰的監獄犯人。這些都是他所做的不道德之事。然而，從這個道德的角度來看，只能看見他反社會的性格，卻無法欣賞黑鬍子最主要的生命特質。有些人的生命特質必須從不同的角度來看，才能發現其與眾不同

之處。

例如，在我們世界的歷史中，曾經佔領最多土地的蒙古帝國開國皇帝成吉思汗，如果要從道德角度來看他，我們只會看見他殺了多少人，毀了多少家園。但是，換個角度思考，我們便可看見其所創下的，不可思議的豐功偉業。

欣賞黑鬍子的最大特質，必須從一種人生美學的角度來看。

哲學家尼采曾經藉由希臘神話區分過兩種美學特質，第一種是屬於太陽神阿波羅的理性特質；另一種則是屬於酒神戴奧尼索斯的感性特質。

在我們的世界中，當今文化以及價值觀崇尚阿波羅精神。這種精神告訴我們運用理性，遵守社會秩序的重要性，人們必須壓抑自己的各種慾望，以達成社會和諧的目的。這樣的人生也是一種美，屬於理性與道德之美。而我們也都習慣接受這種人生美學，甚至將之當作唯一品味人生的標準。

如果有一天，我們看見一個酒鬼在半夜無人的街道高歌歡唱，我們會認為這個人的人生是失敗的、可鄙的，完全不會覺得這也是一種美的人生。但是，這種人生之美，從某個角度來說，甚至高於在國家音樂廳靜靜欣賞的古典演奏，因為，這種狂醉的歌聲，才是真正發自內心情感的音籟。

　　尼采主張，當今社會這種過度強調理性，而盡量壓抑內在情感的風氣是錯的，因為，內在情感才是美學的最大原動力。當我們暫時擺脫道德的觀點，成為街上狂醉高歌的人們，則是一種徹底讓自然慾望發洩的原始之美。由於人們習慣壓抑內心各種情緒的狂潮，並將之視為危險的因子，所以我們恐懼著自己內心的這個層面，這種恐懼讓我們無法欣賞到這種美。而唯獨當我們能夠學習用這種美學觀點重新看世界時，我們才能欣賞黑鬍子的美學意境。

　　酒神戴奧尼索斯美學的主要特點在於「生命樂趣」。很多對生命充滿樂趣的東西，在理性的眼光下都成了應該戒除的事物。像是菸、酒、油炸食品、烤肉、大吃大喝、汽水可樂、野外冒險，甚至做任何一個人生中的重大改變。

　　理性告訴我們，我們應該過一個平淡的、安全的人生，壓抑各種慾望，追求長壽與平靜的心靈生活。這當然沒有什麼不好，但是，從酒神美學的角度來說，這樣的人生實在「無趣」。其主張我們應該多做點不同的事情，想要追求什麼，就盡全力去追求，死而無憾，活出一個最有趣味的生命。

　　在黑鬍子的眼中，多數人屬於理性制約下的無趣人們，因此，在頂點戰爭中，當他奪取了白鬍子的震動果實能力之後，他對著群眾說：

愛好和平的無趣人們，以後就是我的時代了。賊哈哈哈哈……

「黑鬍子的時代」如果成真，那是一個怎樣的時代？是個為所欲為、不講道德、互相廝殺的時代嗎？其實不是的。

當黑鬍子捉到了女海賊珠寶‧波妮，並要她當他的女人時，她拒絕了他，還一腳將他踹開。生氣與失望之餘，黑鬍子就不理她了，讓她被海軍逮捕。然而，一個不講道德的黑鬍子為何不乾脆強迫她呢？

其實很簡單，雖然強迫別人可以滿足自己某些原始慾望，但是，那是一件很無趣的事情，從美學人生的角度來說，那一點也不美，而且反而被拒絕本身還更有趣的多。因此，當黑鬍子被拒絕時，他的同伙都嘲笑他，將之當作是一件有趣的事情，黑鬍子也不會在意這種嘲笑。

不把道德掛在嘴邊的同時，並不表示人們一定會依據自己的慾望，去傷害別人，追求對自己最有利的事情。其實，生命美學本身就自有另一套規則，一種發自內心從美的角度觀看的規則，它不同於社會無趣的道德觀，但也不是恣意妄為的惡劣之徒。

　　即使是海賊，也有作為海賊的美學標準。在長環長島上，魯夫一行人遇到弗克西海賊團的挑戰，在比賽競技中，如果一方輸了，就必須輸掉一個人。第一回合魯夫一方輸了，對方要走了最可愛的喬巴。第二回合，魯夫一方贏了，本來可以要回喬巴，但娜美卻突發奇想，提議索取對方最強的船長，等到下一回合贏了再要回喬巴。這樣的提議可說是立於不敗之地，是最聰明的策略。但這個提議卻遭對方譏笑，「戰勝沒有首領的隊伍還算是勝利嗎？」而羅賓也說，「這雖然是個穩贏的策略，但卻是違背海賊美學的。」而且索隆也同意對方的觀點，認為娜美不該做這種提議。

　　「要贏就要贏得漂亮，即使是比賽吃虧的一方，也照贏不誤！佔盡便宜的勝利實在太無趣了。」這是屬於海賊的競賽美學。

　　就像香吉士在拿巴隆要塞跟一群廚師比賽廚藝時，對方廚師挑選上等食材，而他卻選擇了對方用剩的殘渣來做料理，但美味仍舊贏過對方。這種勝利，才最符合海賊美學。

　　美學的思考顯然和一般理性的思路是不同的。那麼，黑鬍子想走的究竟是怎樣的美學人生呢？追逐權力，建立帝國，這是黑

鬍子未來要做的事嗎？都不會是。一個具有戴奧尼索斯狂醉美學的人，是不會對這些事物感興趣的。至於他的夢想，成為最強的人、成為海賊王、獲得大秘寶，這些確實值得追求，因為，追求這些東西很有趣。但追求到了以後，就不會再覺得有趣了。這時會再找出其他夢想來實現，直到人生終於畫下句點，可能是在某一次的冒險中，或是夢想的追逐中，因失敗而付出生命的全部。那麼，這張生命的畫布也就完成了，這就是屬於他所創作的生命美學。

在美學的觀念中，生命是需要冒險的，風平浪靜的人生是無趣的，但冒險的目的卻也不是最重要的，而是在每一次的冒險中，都在生命的畫布上揮灑出一道絢麗的色彩，不管它是第一筆，或是最後一筆，都盡全力釋放內在的心靈能量，直到終於要結束的前一刻，我們便終於能靜下心來，細細品味，觀賞自己的偉大創作，在微笑與滿足中，向世界告別。

這種生命型態，雖然很吸引人，但實際上真正能夠過這種多采多姿的美學人生的，少之又少。最大的難處在於，人們大多會在盡情揮灑之後，對失去的東西感到遺憾，因而後悔不已。看不破、放不下，成了生命美學的最大障礙。想要過一個幸福的人生，對大多數人來說，還是需要理性的輔助。事先想想後果，以

免抱憾終身。

　　那麼，在這即將走入結局的故事裡，黑鬍子將會如何展現
他的美學人生呢？如果作者真的是依據這樣的美學觀構思著黑鬍
子的生命型態，這將可能會是整部劇情中，最值得期待的部分之
一。

哲學小教室

尼采《悲劇的誕生》

　　十九世紀中期的哲學家尼采在很年輕時（大約在二十五歲左右）
寫下《悲劇的誕生》這部作品。在他後來的自我省思中，認為這是一
部有點過於大膽狂妄，且不成熟的作品。對於自己在書中的許多斷言
也感到汗顏。但是，這部作品在歷史上卻受到高度的評價，認為是一
種很有創意的人生美學觀點。尤其他特別強調的「被壓抑的戴奧尼索
斯精神」。

　　書名中所謂的「悲劇」指的是「希臘悲劇」，他認為希臘人原本
是一種具有強烈悲觀意識的民族，從希臘神話中就可見端倪。當米達
斯國王追問森林之神，「人生最快樂的事情是什麼？」森林之神卻回
答，「人生已經沒有最快樂的事情了？因為最快樂的事情是根本就不

要出生。」國王不放棄的追問：「那次快樂的事情又是什麼呢？」森林之神回答：「那就是趕快去死！」這樣的觀點，表達出一種對人生的否定，認為人生其實就是一場悲劇。

然而，尼采非常重視這種悲劇精神，因為它能引導出戴奧尼索斯的原始生命力量。而且這樣的力量是充滿活力的，一旦和象徵理性的阿波羅精神匯流，便可以讓人們從悲觀走向樂觀，因而活出尼采認為最好的生命型態。

但是，尼采認為希臘人的這股悲劇精神卻被強調理性的蘇格拉底給摧毀了。由其弟子柏拉圖從一個悲劇詩人轉變成一個理性哲人就可見這個影響力。在柏拉圖的哲學裡，他特別強調人類理性的靈魂必須和血性的靈魂聯合起來，一同對抗慾性的靈魂。必須把戴奧尼索斯精神的源頭完全壓抑下去，才算是一個理想的人格。這樣的觀念，造就了以理性為重，而輕忽生命活力的西方傳統思想。尼采認為，雖然強調阿波羅的理性精神可以直接走向樂觀的人生，但這種未經悲觀路線的樂觀主義，卻是極為膚淺的人生型態。

這種惡魔之子，
沒資格活在這世界上！

　　人們習慣從外在角度認識自己，以及肯定自己。就像許多人喜歡用名牌與名車來「發現」自己的高尚，用名聲來肯定自己的能力。於是，當眾人都不認同自己的時候，自己也就跟著不認同自己了。

　　艾斯在小的時候，經常到酒館問大人一個問題，「如果海賊王哥爾羅傑有個兒子，你們怎麼看他？」眾人的回答卻是：「這種惡魔之子，沒資格活在這世界上！」在艾斯心中，他一直保持著這種「原來我是沒資格活在世上的人」的態度在生活，所以，他一直不把自己的生命當一回事，但也一直渴望別人認同他的存在價值。

　　有一天，他問卡普：「我真的該出生在這個世界上嗎？」卡

普回答：「你活活看，不就知道了。」也就是說，卡普認為，這種事，長大了就自然有答案了，由自己的未來去回答這個問題。於是，他活著，並且希望，有朝一日他可以證明，他是有資格活在世上的人。

當了海賊，成了重金通緝犯，又坐上白鬍子海賊團第二小隊隊長的位置，他用真正的實力來證明自己。但是，他卻也始終揮不去自己被認為是惡魔之子的事實，他不敢跟別人提及這件事，這股「沒有資格活著」的陰影不斷跟隨著他，直到點亮他生命的頂點戰爭。

在我們的世界中，曾經有一位名叫齊克果（Søren Aabye Kierkegaard）的哲學家，他父母的婚姻，是在父親強暴（後來成為他媽媽的）女傭之後才成立的，因此，他認為自己的存在，就是一種罪惡。為了走出這種生命自我否定的困境，他四處追尋哲學的智慧，希望能找到一種讓他的存在，不再是罪惡的哲學，一種能夠讓枯竭的靈魂安心的住所。可是，在學過各種哲學理論，以及跟隨著名哲學大師之後，他發現沒有一種哲學理論可以真正解救像他這種發自內心的生命難題。

例如，亞里斯多德說：「人是理性的動物。」他發現人與其他動物最大的差異點，就在於理性。笛卡兒說：「我思故我在。」

因而找到人類的存在本質就是「思考」。這些理論都很好，但對齊克果來說，就算他們說的都是對的，那又如何呢？這對解決他生命的自我否定有任何幫助嗎？在枯竭的靈魂中，注入這類哲學，也無法令生命恢復生機。

　　艾斯也是帶著類似的疑惑，企圖發現解答這種發自內心底層，找不到存在價值的答案。然而，他也始終找不到答案，所以，在死刑台上，他並不在意自己的死，因為，在他心中，他本來就不該存在於這個世界上。活得長一點、短一點，根本就無所謂。

　　在戰場上，許多人為了救他而受傷，這雖讓他感動，發現原來自己在別人心中還是重要的，但是，這卻不足以解救內心深處自我否定的心結，相反的，他為這些人感到不值得。但是，隨著戰爭愈來愈劇烈，無論是朋友、或是敵人，一個又一個的倒下，熱血沸騰的他突然強烈意識到自己不想死了，這一股「我不想死」的情感從內在呼喊出來，佔據了存在的舞台，打破了「我的存在是罪惡」的死結，這股存在的自覺，驅逐了一切由思考與外在價值觀所造成的疑惑，讓人生重新被詮釋，並給予生命一個最終的解答。

　　如同齊克果後來終於發現，「我們需要從解釋對象的錯誤理解中解放出來。」也就是說，對自我生命的了解，對自我的認識，應該打破由外在思考來把握的習慣，而轉由人們內在自我的

認識與覺察。這種經由外在價值觀來思考生命所設下的困境是無解的，但只要我們返回內在自覺，就可以直接打破困境。就像艾斯突然領悟的解答：「我不想死了！」其實就這麼簡單，這個發自內在的情感，就直接給予一個生命的價值與意義，打破了「我的存在是罪惡」與「我不該活著」的心靈死結。

生命，不應藉由外在條件來肯定，而是經由內在情感的呼喚而被定義。這種從齊克果的生命覺醒開始，強調由內在情感直接來認識自己並了解生命的觀念，有別於從西方哲學一直以來強調理性，用思考來把握人生一切的哲學，走向一個新的方向，這股思潮曾捲席全世界，被稱之為「存在主義」。

多數人很在意別人對自己的看法，活在別人的眼光之中。每天的穿著選擇不是為了自己的喜歡，而是別人會怎麼看。學生念書也常常不是為了興趣，而是為了展現考試成果，或是知識的多寡。選擇學校與科系也是考慮別人會怎麼想，而不是這個學校科系是否是我喜歡的。存在主義要我們從這樣的思考習慣中解放出來，重新返回內心世界，用內在情感中的一切重新解讀人生。

在《海賊王》的世界中，這種生命覺醒時刻的另一個典型例子就是羅賓。羅賓也在歐哈拉被毀之後，成為唯一能解讀古代文字並喚醒毀滅兵器的人，於是被視為一種罪惡的存在、沒有資格

活下去的惡魔之子。她也一直被這種外來價值觀所影響，而產生自我否定的心結，當政府情報中心的暗殺集團 CP9 找上她的時候，她終於等到一個機會，可以藉由為了救伙伴而犧牲自己的行為，放棄這種「沒有價值」的生命。這也是藉由大眾價值觀，作為肯定自己的一個方式。這種犧牲方式，未必完全是發自內心真實的情感。有相當大的部分，可能來自於思考與推理的結果，加上內在一種不想活下去的心理作祟，而產生出來的荒謬抉擇。

　　但是，在運往司法島審判的海上列車上，同樣被抓的船匠佛朗基卻直指核心地反駁這個觀點，「不管什麼樣的兵器，如果只是站在那裡，根本就談不上什麼罪惡。任何的存在，都不是一種罪惡。」這番話讓她把自己當罪惡的想法產生了動搖。一旦價值觀念失去主導權，就是重新觀看事物的契機。

　　另外，伙伴們也不接受她的這種「恩惠」。真正的伙伴是不可能接受這種恩惠的，他們寧可全部戰死，也不拋棄一人。就像白鬍子海賊團全軍攻打世界政府，只為了解救艾斯一人。

　　然而，如果這種恩惠是來自於領導人的命令，情況就又不同了。例如，在和之國光月御田犧牲自己，獨自忍受烹煮之刑，要求所有下屬逃離，他們聽令而捨棄了同伴，才有二十年後的復仇。而白鬍子船長在頂點戰爭決定用一己之力擋住所有敵人並下令部屬撤離。他們也照辦了，而這也留下了一股未來前進的力

量。在這種情況下，船長的命令與伙伴之情的取捨，將會是一大難題。

　　當魯夫一行人打到司法島，雙方人馬隔著懸崖面對面的時候，羅賓一開始還是說，「我想死，別自作主張來救我了。」

　　這是羅賓經過思考後認為她應該說的話，因為，在她心中，始終還是停留在自己是個沒有資格活下去的人。她的生命是沒有價值的，是人類社會的禍害。她仍舊從大眾外在價值觀來思考自己，認識自己。既然自己的生命如此低價，又何須他人冒生命危險，成為世界政府的眼中釘，來解救自己呢？

　　何況，由於一直被世界政府追殺，她擔心伙伴們遲早會受不了這種危險的累贅而選擇拋棄她，既然未來還要再次承受這種被拋棄的痛苦，不如就在這裡分離吧！至少還保有著美好的回憶。

　　但是，當魯夫一行人以火焰彈射穿世界政府旗幟，以行動表示可以為了她，不惜向世界政府宣戰的瞬間，她的內心情感如潮水般沖毀多年結下的死結，一股生命動力從內心底層蜂擁而上發出吶喊：

　　我想活下去！把我一起帶去大海吧！

　　這個覺醒，讓她丟棄原本的觀念，重新從內在情感來了解自己、肯定自己，再也不用受到外在價值觀的左右，否定自己的生命價值。從存在主義的思維來說，她當然有資格活下去，理由很簡單，因為她想活下去。這就夠了。

　　當我們開始轉向內心的覺察來認識自己之後，真正屬於自己的生命才剛剛開始。不管別人用什麼樣的思考來衡量我們，或我們學會了什麼樣的價值觀來評價自我，這些都不是真正的人生。真正的人生是內在情感的呈現，它就是生命的本質。

哲學小教室

齊克果與存在主義

　　十九世紀初期，年輕的齊克果帶著對生命的疑惑，前往當時著名的學術重鎮柏林，向德國觀念論大師謝林學習哲學。學了一段時間，他獲得的心得是：「哲學就好比是一座高大雄偉的大廈，雖然美輪美奐，但缺點是不能住人。」既然不能住人，便不是心靈可以獲得安心的住所，那有什麼用處呢？於是，他離開了，開始自己尋找可以住人的哲學。

　　從希臘時期開始，哲學始於一種求知慾，由於我們對宇宙，以及萬事萬物感到好奇，想要瞭解真相，於是開始思考，產生各種哲學理論。所以，這種哲學體系的價值在於滿足求知的慾望。然而，齊克果對哲學則有不同的期待，他希望哲學的功能是心靈的安心處。因此，對他來說，哲學始於內心的苦楚，希望尋找一個智慧的解藥，讓生命重現生機。

　　於是，他主張我們應該少一點概念性的抽象思考，因為這種思考是遠離人的真實情感的，只會讓自我迷失。人們應該實實在在活在當下各種存在狀態裡，回到真實的自我，並且努力走出自我的困境。

　　在存在主義的各種思想中，可以分成兩大類：無神論與有神論。尼采屬於無神論者，並且反對道德與信仰，認為它們會讓人走向墮落。齊克果正好相反，他屬於有神論者，並且重視道德與信仰，認為這才是靈魂安心的解藥。這種哲學爭議，是無法依據思考與推理找到答案的，必須依賴每個人的生命實踐，親自體驗孰是孰非？

　　也或許，這是一個沒有對錯的問題。如同佛陀所主張的，生命的道路有許許多多的種類（八萬四千法門），重點不在於哪一個才是正確道路，而在於不同的人，適合不同的路徑，但條條道路，都可以通向一個完美的最終歸宿。

變形記。
布魯克

他發現還有一個約定尚未實踐，
就是跟鯨魚拉布的約定……

　　當布魯克原本所屬的海賊團被殲滅之後，吃了黃泉果實的他，靈魂從黃泉飄了回來，四處尋找自己的身體。但因為在海上迷路的關係，過了一年才找到，復活時，卻只剩下一具白骨。

　　在同一艘船上，掛著相同的海賊旗，但所有伙伴都死了，當他照著鏡子時，會有什麼疑問呢？

　　我是誰？我還是我嗎？

　　在哲學上，有一個稱為「自我同一性的問題」，這問題是說，當我們說「我」時，我們究竟在說什麼？或者，另一種問法是，「昨天的我，和今天的我，是同一個人嗎？」「這個同一究竟是什麼在同一？」

　　由於我們習慣用身體來代表自我，所以，大多數人的第一個直覺答案是：「身體」。由於有著相同的身體，昨日之我和今日

之我，是同一個人。但是，昨天的我和今天的我身體是不太一樣的，這樣可以算是同一個人嗎？就算差距非常小，那如果把時間推向十年，「十年前的我，和今天的我，是同一個人嗎？」明明身體狀態差很多了，為何還能算是同一個呢？如果我們容許這種差異的程度，那會遇到另一個麻煩的問題，「同卵雙胞胎的身體差異非常的小，他們究竟是相同的人，還是完全不同的人呢？」對布魯克來說，身體變成了骷髏，已經幾乎完全不同了，他還是他嗎？

　　在這樣的考慮下，大多數人都會認為，「身體」作為判斷一個人是否是自己並不重要，最重要的是有一顆相同的心靈。

　　但是，「相同的心靈」，也不是件容易的事情。我們的知識與日俱增，心情也不斷改變，心靈幾乎沒有一刻是相同的，這如何用來判定「自我」呢？或許，我們會想到用「記憶」來作為判定自我的標準。擁有相同的記憶，則是相同的人。但也不盡然，萬一短暫失去記憶，我就不再是我了嗎？

　　那麼，靈魂是否可以作為延續自我同一的標準？然而，這個標準其實不怎麼恰當，因為我們並不肯定真有靈魂的存在，再則，就算靈魂存在，我們也不清楚那是什麼，所以，要拿一個完全不清楚的東西來作為「自我同一」的依據，這只不過是另造一個詞來產生問題解決的假象而已。

　　在《海賊王》的世界中，至少對於死過一次、靈魂還可以隨時出竅的布魯克來說，靈魂的存在是沒有問題的，而且讓他的自我可以延續的，主要應該就是他的靈魂。而且這個靈魂還保有著所有的記憶，而復活的骷髏也是原本屬於自己身體的骷髏，這樣總和起來，我們可以認為復活的布魯克還是布魯克。否則，如果只有靈魂，但記憶卻沒有了，或是擁有了別人的記憶，而復活在另一個人的身體上，在這種情況下，我們是很難認同這樣的布魯克還是原本的布魯克。也就是說，「自我」這個概念看來並沒有一個特別的依據，而是由很多跟自我相關的事物所統合起來的一個籠統的觀念而已。

　　而且，跟「自我認同」息息相關的，除了原本屬於自己的身體、記憶、靈魂等東西之外，跟人的互動方式也在某種程度上扮演了重要的角色。

　　在我們的世界中，哲學家卡夫卡（Franz Kafka）的筆下，《變形記》中的葛雷戈早上起床後，發現自己變成一隻大蟲。雖然心靈與思考沒變，但身體完全變了。而且很重要的一點是，他也失去了語言能力，無法溝通，家人也不再用相同的方式對待自己，在這種情況下，他還是他嗎？

　　試想一下，如果有一天，早上醒來，關於自己的身體、記憶、

想法、價值觀等等完全沒有任何改變，但是，這個世界所有原本認識的人都不再記得我們是誰、無法開口和人溝通、也聽不懂別人在說什麼，這個時候，我還能夠是我嗎？

從自己的內心來看，我當然還是我。但是，我們習慣從很多不同的角度看自己，當外在一切條件都失去之後，我們還能保有相同的內心狀態嗎？這其實是一個很值得懷疑的事情。除非我們可以找到一個關於自我的客觀依據。

然而，西方哲學界一直以來，無法找到一個妥善的關於自我的客觀依據，甚至到了神經科學時代，在大腦裡也找不到這樣的依據。那麼，我們是否可以說，自我實際上是不存在的呢？這個想法看起來很不可思議，但是，在東方，從內在冥想為思考方法的哲學，卻在某種程度上呼應這樣的觀點：「無我」。許多高僧在靜坐冥想時，從圍繞在心靈外面的各種欲望為起點，往內在走進去，觀看內心的一切變化，當深入到底層時，卻發現裡面並沒有一個「我」在那裡。或說，並沒有一個我們習以為常的「我」在那裡。這種難得的東西方哲學呼應，似乎告訴我們，我們習慣性想要維持的「面子」「尊嚴」「名聲」「榮譽」等等以「我」為依據的努力，根本上只不過是在執著一個不存在的東西罷了。

或許，這樣的想法太高深了，不適於我們這些凡夫俗子。最簡單的肯定自我的方式，我們只要在心中可以肯定自我的存在

就好，不用管任何自我的客觀依據，或是最深度的內在自我。那麼，我們可以採用笛卡兒的觀點。

笛卡兒說：「我思故我在。」只要我們能夠思考，就可以肯定自己的存在。但是，對自我的肯定不僅僅是一個觀念的問題，還包含有價值與意義的問題。

對於布魯克來說，如果他只能用這樣的方式來肯定自我，這樣的自我有什麼存在的價值呢？我們的自我原本和外在世界中人群的互動有著重要的聯繫，甚至反過來從這些聯繫來自我肯定。當這些都失去的時候，我們就算還能夠肯定自我的存在，也難以找到其價值與意義。

布魯克原本的生命價值與樂趣就在屬於他的那艘海賊船上，跟一群伙伴共同築夢與奮鬥。當這些全都失去時，外加自己變成了一具骷髏，還能期待有什麼新的希望呢？

想要生命有意義，就必須尋找一個目標，努力去達成。布魯克發現還有一個約定尚未實踐，就是跟鯨魚拉布的約定，於是，實現這個約定成為布魯克人生的新方向，只要有願意努力的目標與夢想，生命的意義就會呈現。自我也開始變得有價值。

但是，拉布會認得這具骷髏嗎？所幸，布魯克的頭髮沒變，這可以作為他的標記，成為從外在來自我肯定的最主要線索。所以，保護好頭髮也成了他實現夢想、與肯定自我的要件，雖然困

難重重，但只要盡最大的努力，生命就可以了無遺憾。

　　自我或許可以完全透過自己的思考而肯定其存在，但是，若要尋找自我的價值與意義，似乎非要與人產生關聯不可。從別人的角度來肯定自己。或者，我們是否可以找到一種完全可以自我肯定的價值呢？那些獨自在深山中的修行者，是用什麼方式在肯定自我？或者，這些跟自我相關的想法，真的都只不過是一場夢幻泡影而已？

哲學小教室

卡夫卡《變形記》

　　齊克果、尼采，以及海德格都被歸類為存在主義哲學家，也都各自提出了許多有趣而且生動的哲學理論。雖然二十世紀初期的卡夫卡也可以算是一個存在主義哲學家，但他較沒有直接提出哲學理論，而是利用小說文學的方式，呈現其哲學的理念。

　　在卡夫卡著名的短篇小說《變形記》裡，他描述一個名字叫做葛雷戈的人，在眾人不知情的情況下，變成了一隻大蟲。原本可以為家庭帶來收入的青年，變成了家庭的嚴重負擔。於是乎，家人、主管等所有原本有所關聯的人都開始懷疑他、遠離他、甚至逐漸否認他。雖

然這是一個悲慘的故事，但若純粹當作是一個幻想小說去看它，也會是一個有趣的故事。然而，對於熟悉哲學的人來說，尤其是熟悉十七世紀哲學家笛卡兒的人，則會有另一番不同的領悟：「這個變成蟲的人還算存在嗎？」

笛卡兒說，「我思故我在。」只要能思考，就能夠懷疑，也就能證明思考主體（懷疑者）的存在。從這角度來說，這隻變成蟲的青年當然是存在的，因為他的內心與思考能力完全沒有任何改變。但是，在小說中，他的外型，以及所有人對他的態度卻全部改變了，在這樣的情況下，存在主義會想問的問題是：「這種存在，究竟還有什麼意義呢？」在人類生命的優先順序中，究竟是「我思」這樣的存在較具有價值，還是別人的認同，以及自我的認同？

小說中想呈現的，是一種荒謬的存在方式，藉由這種存在方式，對「我思」的優越性意義提出質疑，並且讓我們更能夠體會，原來過去哲學界一直忽略的，被別人所認同，甚至連帶對自我存在價值的認同，在存在的體驗中，是這麼重要的一件事情。

魯夫之樂。

海賊王世界中
最快樂的人。

　　快樂，一直是人們處事的指標。哪裡比較快樂，就往哪裡走；怎樣比較快樂，我們就怎麼做。

　　許多人認為，是否活得快樂是要看運氣的。就像是含著金湯匙出生、或是事業與愛情一帆風順，運氣好的就快樂，運氣不好的就不快樂。但只要仔細觀察人生百態，就會發現，大多數與運氣相關的條件，都不能保證一個人是否會成為快樂的人。天生聰明的人，不一定比愚笨的人快樂；長相好看的人，不一定比平庸者快樂；而有錢人，也不見得比窮人更快樂。因為，雖然聰明、好看、有錢都容易帶來額外的快樂，但也同時會帶來額外的煩惱。

　　依據《論語》記載，孔子的傑出學生顏回非常貧窮，吃的不好、住的不好，但他依然快快樂樂的生活著。決定快樂的，並不

是運氣，而是一種本事。誰有辦法活得最快樂，這個人就是大家的榜樣、人生的贏家。

　　在整個《海賊王》的世界中，魯夫大概是最快樂的人。那麼，是什麼本事讓魯夫成為一個最快樂的人呢？

　　在進入偉大航道的登山水道、在海洋的大漩渦邊緣、在前往空島的上衝海流中，當每個人都感到危險而驚恐時，魯夫卻仍然在享受著探險的興奮與刺激。為什麼呢？難道他不知道有危險嗎？

　　如果他不知道有危險，那這只是一種無知所帶來的快樂，並不值得效法。就像哲學家們常常問的一個問題，「要做一個痛苦的蘇格拉底，還是一頭快樂的豬呢？」蘇格拉底代表著豐富的知識，而知識有時會帶來痛苦。就像在一艘狂風巨浪的船上，知道「船有可能會沉」的人，大多會感到害怕，若缺乏這個知識就比較無感。無知雖然可以減少煩惱，但我們更期待在知道危機之後，仍能逍遙自在。但這就不是件容易的事了。

　　然而，魯夫之樂顯然並不是一種無知的喜悅？他當然知道有危險，而且愈是危險，他就愈有興趣。他的快樂，來自於一股強大的信念，相信一切夢想終將實現，以及一種放得下的心境，萬一失敗了，也無所謂。

　　簡單的說，在冒險的當下，他可以全心全意的去體會冒險的

樂趣，暫時忘掉所有的危險。實際上，在那樣的時候，擔心也是無用的，如果真能全心體驗過程而忘卻失敗的後果，至少可以獲得冒險的樂趣。無論結局如何。

在我們的世界裡，雲霄飛車、摩天輪、甚至只是在飛機上，就可以分出兩種人，一種是不會去思考萬一如何如何的人，另一種則是會一直去想萬一如何如何的人，這兩種人所冒的危險程度是相同的，但第一種人可以很快樂的享受冒險的樂趣，第二種人卻充滿擔心與恐懼而很不快樂。要享受這種快樂，需要有本事，暫時忘卻危險，放下企圖掌控命運的執念，順其自然，我們便可以怡然自得於恐懼也無法改變現狀的處境裡。

事實上，我們常常擔著許多不必要的心。尤其現在人手一支手機，當手機突然打不通時，父母就開始擔心子女的安危，戀人們就開始擔心情人出軌，事實上，這些擔心都於事無補，而且大多數時候是虛驚一場，在這種情況下，一個有智慧的人，應該選擇另一種態度，當擔心無用的時候，就當作什麼壞事都沒發生的偶然情況，這種習慣會給生活減少許多不必要的不安。這也是魯夫的第一個快樂的本事：樂觀與信任。在看不見的地方，在擔心無用的時候，總是相信伙伴們一定能夠平安無事。

在我們的世界裡，有一位仁波切在科學實驗室中被測出大腦的快樂指數躍升了百分之七百，因此被稱做「世界上最快樂的

人」。而當這位詠給‧明就仁波切分享他的快樂秘法時，其中一項很重要的本事，就是盡量用接受、喜悅的態度面對一切困難與痛苦。而當我們真的可以改變態度時，困難與痛苦常常就立刻減弱了。

　　在大多數的時候，魯夫就是保持著這種態度過生活。接納自己所遇見的任何困難，不逃避、不抱怨、勇往直前，這樣的心態，至少能減少我們去思考自己多麼不幸的時間，而當這樣的思維減少的時候，不快樂的時光也很快就會過了，而且不留痕跡。這也是魯夫的第二個快樂秘方。

　　第三個快樂秘方，也可以說是最重要的一個，就是一顆單純、真誠、很少價值觀執著的心靈。這樣的心靈，會自然而然流出喜悅。

　　在空島上，當危機四伏，他和眾人分頭前往黃金都市香朵拉時，魯夫意外的發現地上有一根（沒有人會去注意而且實際上也不值得注意的）竹竿，他眼睛一亮，很開心的拿在手裡，一邊唱著歌，一邊揮動著它，樂趣無窮！這時，心靈單純的馴鹿喬巴看了非常的羨慕，覺得那根竹竿真好，但魯夫不給他竹竿，要他自己去找。好不容易喬巴也找到了一根，學著魯夫，邊走、邊揮、邊唱，怡然自得。這是一個什麼樣的快樂境界呢？

　　這種「竹竿之樂」是很少人能夠體會的，即使是在草帽海賊

團裡，也只有天真的馴鹿喬巴能夠感受得到。當他們玩得很開心時，同行的索隆感到很疑惑，「竹竿到底有什麼用呢？」

　　一旦去思考「有什麼用」，就整個想偏了，落入一個世俗的價值系統去衡量。這種喜悅，通常只有內心單純的小孩會有，不是一般從各種價值觀的計算而獲得的喜悅，而是單純發自內心對各種事物的遊戲心態所產生的樂趣。這樣的樂趣，時時刻刻都在，屬於本心的自然流露，也很難找出其意義何在，屬於僅有少數具有質樸真心的人能夠體驗的快樂。要學會這樣的快樂，必須放下各種觀念的執著，用一顆單純與遊戲的心靈，生活在世界上，只要是沒有煩惱干擾的時候，圍繞在心外的迷霧散開，就是喜悅的時機。在這種時機裡，就連風吹草動，都藏有著莫大的樂趣。何況是一根竹竿。

　　如果覺得自己不是一個快樂的人，那麼，不用去思考自己有多麼的不幸，也不用去抱怨別人對自己做了什麼，何況，這些想法和抱怨只會讓自己更不快樂而已。而是應該去思考，自己缺乏了哪些本事？第一個要學的本事，就是能夠不去想自己的不幸、以及別再執著於別人的惡，反覆在心中怨恨、生氣、與咒罵，好像在懲罰別人，但實際上卻是在折磨自己，實在不值得。放下它，就是活出快樂人生的第一步了。

哲學小教室

顏回之樂

　　依據歷史的記載，顏回大概是孔子最得意的門生。有一段記述孔子對顏回的評價，特別受到許多學者的重視。在論語雍也篇，子曰：「賢哉回也！一簞食，一瓢飲，在陋巷。人不堪其憂，回也不改其樂。賢哉回也。」意思是說，顏回吃得不好、住得也很簡陋，多數人在他這種處境裡，會感到愁苦不堪，但顏回卻依然快樂自得，完全不受影響。這讓孔子感到顏回是真正的賢者。

　　這段話之所以倍受重視，是因為我們很想知道：「顏回之樂，究竟在樂些什麼？樂從何處來？為什麼惡劣的物質條件，都還是不能干擾他的快樂？」

　　人們都希望追求快快樂樂的生活，於是我們努力賺錢，以便能夠買好吃的食物、好開的車、好睡的床、以及一個安穩的居所。然而，如果這些東西都沒有，我們通常會很不快樂。也就是說，我們的狀態和孔子時代大多數人其實差不多，在這種物質缺乏的生活裡，大多數人都會「不堪其憂」，但是，顏回卻能夠「不改其樂」，這裡面究竟隱藏了什麼重要的人生哲理呢？

　　當然，這種快樂一定不是物質上的，而是精神上的，但究竟哪一種精神上的快樂，可以不受物質匱乏的干擾？

　　孔子說完這段話的一千五百年後，儒學出現另一個高峰，稱之為

宋明理學，宋明理學的開山祖師周敦頤給二程子一個功課：「尋孔顏樂處，所樂何事？」周敦頤認為，既然孔子這麼瞭解顏回，孔子應該也能體會顏回之樂，因此，兩人的樂事應該是類似的，所以，他便把問題轉向為「孔顏之樂」（孔子和顏回的快樂）。那麼，我們是否可以從論語中的記載，尋找到孔子的快樂？

　　其中一段最引人注目的，在論語述而篇，子曰：「飯疏食飲水，曲肱而枕之，樂亦在其中矣。」這是孔子對自己快樂的描述，意思是說，吃粗飯，飲清水，把手彎起來當枕頭躺下，快樂就在其中了。這種精神境，對於不斷追逐權利與地位的一般大眾來說，不易體會，我們或許必須先走到那個生命階段，才能真正感受到那種生命的喜悅！也才知道，追求這種成長，比追逐名利來得更有價值。未來讀論語時，別只看孔子要我們做哪些道德之事，記得順便欣賞一下，古聖先賢的生命美學。

德性的代表。

卡普是仁的代表、
冥王雷利是平的典範。

　　「德性」是一種受到人類社會普遍認為好的心靈內在特質。西方的亞里斯多德哲學，以及東方的儒家，都非常重視德性。但所強調的不盡相同。西方所重視的，可以參考在哈利波特故事裡四個學院所強調的不同德性，分別是勇氣（葛來分多）、努力（赫夫帕夫）、智慧（雷文克勞）、以及卓越（史萊哲林）。在傳統中國裡則有所謂的八德（忠孝仁愛信義和平），我們可以從這些德性看看《海賊王》世界裡的典範型人物。

勇氣

　　由於恐懼常常是失敗的關鍵，而唯一能克服恐懼的勇氣，就成了成功的重要特質。勇氣一直是西方社會非常重視的德性，所以在哈利波特的故事裡擔任主角。有別於東方家長們比較傾向於

保護子女來說，西方家長們比較傾向於讓孩子冒險、培養勇氣。事實上傳統中國也重視勇氣，像是號稱為智、仁、勇的三達德，雖放在智與仁之後，但至少也被強調。但在今日社會中，人們較忽視其重要性。

在海賊王的世界裡，魯夫和騙人布分別象徵了兩種不同的勇氣。魯夫是「無懼」；而騙人布則是「即使害怕，也勇往直前。」雖然我們常常以魯夫的無懼來理解勇氣，但實際上騙人布這種意義下的勇氣，才是我們平時最需要鍛鍊的。

在演講比賽會場上，一個完全無懼於大批群眾而上台演說者，我們認為他很有勇氣，而一個在演講過程中雙腳不斷發抖的，我們大概不會說他很有勇氣。但以騙人布的勇氣定義來說，這樣的人，才是真正的勇者。即使恐懼，也不退縮。所以，每當騙人布說他得了無法上島等各種病時，仍舊上島了。這個時候，就是勇者的表現。

努力

在社會上，人們常常覺得，天資不足的人，更應該努力。於是，努力和天資不足無意間劃上了等號，彷彿努力的人就是天資不足的人。所以，許多學子不希望自己被貼上「努力」的標籤，即使在家很用功，也假裝很混。然而，這一切當然都是錯的。

「努力」是一個值得追求的德性。而且，天資越好的人，

實際上越有努力的動機，因為比較容易看見成長與成就感。反過來說，天資越差的，努力之後往往成效不明顯，便容易放棄。在這種情況下，努力的人反而大多是天資較好的。然而，我們對努力也有一些錯誤觀念，當我們看到某些學生花費大量時間唸書，就認為這是最努力的。而那些花費時間較少，卻看起來都在閒晃的，就是不努力的。當閒晃的成績比一直唸書的還要高時，就覺得世界真不公平。但這種評價方式錯了。「努力」並不一定是花費大量時間，但必然是花費大量精神。「專注」是一件非常累人的事情，難以持久，而且專注過後，就必然要閒晃，讓精神慢慢恢復。所以那些只運用少量時間，卻高度專注的人，是真正的努力者。

在《海賊王》世界中，尤其在草帽海賊團，幾乎所有人都努力追求成長。但時時刻刻最持續不斷追求進步的，大概就是索隆了。只要一沒事，就可以看見他在船上角落裡鍛鍊。而喬巴也是閒來無事，除了和魯夫與騙人布一起玩之外，也不斷在精進醫術，追求成長。在專注成長方面，最努力的或許是魯夫，他不斷思考新的力量進化方式，尤其每當遇到強敵，能力都會獲得提升。

作者一開始也說，他不希望一下子就讓主角太強，所以讓他吃下感覺上很普通的橡膠果實，讓他必須不斷努力追求成長。所以，《海賊王》的故事，也可以算是一個努力追求成長的故事。

然而，故事也告訴我們，努力需要有個目標，有個夢想，這些都是持續讓我們追求成長的動力。

然而，故事到了後期。劇情也同時進入最高潮，這時主角的惡魔果實開始覺醒，據說，魯夫吃下去的並不真的是橡膠果實，而是另一種更強的果實。當然，或許這是為了劇情所需的新設定。但在真實人生中，其實這並不奇怪。當一個人努力到某種程度時，其實很多事情都會形成蛻變。我們會說，「原來這個人其實是很有天分的。」然而，是原本就很有天分？還是努力造就了天分？努力，是否是一股可以改寫歷史的力量呢？

智慧

「智慧」有兩種主要的意義，第一種是看破的智慧。也就是發現各種知識、原則、觀點，等等都沒有一個必然性，都可能在某些情況下不適用。這個觀點也就是西方哲學在深度思考時容易發現的現象，因而感受到一種「無知」的智慧。而東方佛學的「一切皆空」的觀點，也是此類。有了這種智慧，就不會為了堅持某些想法、價值觀，而讓事情反而更糟。也能將煩惱降到最低。在《海賊王》的世界中，最能象徵擁有這個智慧的，應該就是海賊王哥爾羅傑了。

在他出海時，其實就已經自知命不長久了。但依然縱情人生，遨遊四海，最後還完成了到達偉大航道終點的壯舉。而在完

成之後，他也不在意世人如何看他，選擇讓海軍逮捕，站上死刑
台。然後如其計畫地說出了一段關於他把大祕寶放在某個地方的
訊息，掀起了大海賊時代。他的整個人生，充滿了各種色彩，這
是在放下一切執著之後才能湧現的生命型態。當人們擁有此類智
慧，才能如此這般盡情揮灑生命。

　　另一種智慧，可以說是處事的智慧。不受個人情緒干擾，理
性構思最好的行事之道，然後完成使命。海軍大將藤虎所完成的
廢除七武海制度的偉業，就足以證明他擁有這樣的智慧。

　　首先，他在眾多現場轉播的螢幕前代表政府向全世界道歉，
讓全世界知道七武海制度的不正義。而後避開會妨礙他的元帥赤
犬，直接前往世界議會會場，提倡廢除七武海制度獲得眾多國王
的支持而達成目標。這整個過程，必須放下個人情感、尊嚴，用
最理智的心思找出最佳方式，而後去實現它。這就是處事智慧的
功效。也是做大事者必須具備的能力。

卓越

　　「卓越」是一種不斷想要追求更好的精神。這種德性在東方
較常被忽視。可能是因為強調「中庸之道」的東方傳統思想，或
是「差不多就好」的社會風俗影響的關係。

　　在哈利波特的故事裡，象徵史萊哲林書院的精神常被說成
是「野心」。但野心是個比較負面的詞彙，從想要不斷追求更高

的能力或是地位的角度來說，這樣的德性不叫做野心，而叫「卓越」。卓越的德性，讓我們不斷想要勝過現在的自己，精益求精，沒有上限。許多職人，就是因為有追求卓越的德性，才能不斷化腐朽為神奇，創造出不可思議、令人嘆為觀止的作品。

　　然而，為什麼要追求卓越呢？這背後的不同動機，就會導致不同的結局。在哈利波特的故事裡，史萊哲林書院有最多人墮入黑魔法，因為黑魔法是個追求卓越的捷徑。為什麼會選擇捷徑呢？那就表示他們不只是追求夢想，不是來自於純粹善意的動機，可能只為了讓自己更有地位、有權勢、或是只是好勝心作用，在這種情況下，為了達成目的，不惜犧牲自己的良知，帶著惡意，不走正道。

　　在《海賊王》的世界中，許多人追求著卓越。魯夫想要保護所有的伙伴，盡全力提昇自己，在這種動機下追求卓越，就不太容易走上歪路，因為那是本末倒置的。就像克比追求更強的目的在於保護弱小。索隆追求成為世界第一劍士在於完成幼時與人約定的夢想。這些動機都帶著善意，便不會走向邪惡之道。

　　就以現代人來說，一個畫家費盡千辛萬苦作畫，想要不斷超越自己，追求最完美的畫作。如果動機只是單純想要追求極限，追求卓越，即使有機會跟魔鬼打交道，用某些惡意的代價換得更強的能力，大概也不會這麼選擇，這跟夢想的捷徑一樣，是沒有

意義、本末倒置的。但如果目的是想要獲得名聲、地位、利益，那就有可能會走上歪路了。就像《海賊王》故事裡的黑鬍子，他追求卓越的目的只是為了自己的利益與樂趣，就容易不擇手段，殺了同船隊長獲得黑暗果實，將艾斯交給海軍換取七武海頭銜、又趁機殺了白鬍子奪取震動果實。雖然走歪路容易成功，但這種成功必須建立在許多危機的基礎之上，反而容易得不償失。但即使如此，黑鬍子大概也不在意，因為他選擇的不是一個安全穩定的人生，而是一場轟轟烈烈的美學之旅。

忠

　　忠也就是盡己所能的效命於某個對象，這個對象通常是國家、民族、領導人，或是工作。但這樣的心意必須發自內心才算真正的忠心。像是在圓蛋糕島上，雖然沒人敢違抗 BIG MOM，但那是基於恐懼，而非真正的忠心。

　　最忠於職守的有可能是大監獄典獄長，當大監獄被黑鬍子攻陷，以及魯夫企圖救一大票人出去時，他不但盡最大努力戰鬥，失敗後，還想以死謝罪。

　　另一個忠於工作的是卡普。卡普則是明明反對戰國大元帥的決定把艾斯處刑，但仍然盡一份心力協助。而大將赤犬則是用盡一切辦法以達成任務，也算是一種忠於工作的典範。和之國光月御田門下的眾武士們，對主上的忠心不隨時間消逝，二十年後仍

舊冒著九死一生的危險，向四皇之一的海道復仇。

　　然而，比起這些大人物，更值得一提的卻是七武海唐吉訶德手下的雪女莫奈。在龐克哈薩特島，莫奈除了盡全力執行被交代的任務之外，在失敗後，她的少主唐吉訶德透過電話要求她按下自爆裝置與敵人同歸於盡，她不但不怨恨這位少主，還在死前衷心許下少主成為海賊王的願望。這樣的死忠信念，已經完全內化到她的人格裡，成就了一個可歌可泣的「忠」的典範。

孝

　　在《海賊王》的故事裡，孝是一個較少著墨的部分。但我們可以從娜美和羅賓的角度看到一些典範故事。

　　娜美小時候應該算是不太孝順的女兒，常常因為頑皮與偷書給她的養母貝爾梅爾帶來麻煩。但當貝爾梅爾被惡龍海賊團殺了之後，她決定為了保護貝爾梅爾最喜歡的橘子園而努力，把村子買下來，即使受了村民的誤解，或是冒著生命危險去偷海賊的財寶，都在所不辭。這是對貝爾梅爾的孝所產生的心靈力量。

　　而羅賓，則是背負了整個島的期待，以及親生母親的託付：「和我的份一起活下去！」為了實現母親生前的願望，她和娜美一樣，從小就忍受著極大的痛苦與危險，但絕不放棄！

　　如果娜美和羅賓的媽媽，在天堂知道她們多麼的努力，來完成她們的期許，相信一定會很感動，很心疼，並且很驕傲。能讓

父母有這樣的感受，自然算是孝的典範了。

仁

最能代表仁的典範的，自然是卡普。他對敵人（前海賊王）的兒子也能發揮仁心，並視如己出，適時做到多數人做不到的不遷怒的程度。

最重視「仁」的孔子，在三千多個學生之中，對顏回特別讚賞，其中一點就是「不遷怒」。可見這個品德有多麼重要，以及有多麼困難達成。有了不遷怒的情緒管理，仁心便能適時發揮，完成一般人做不到的境界。

從政的仁者，最重要的特質則在於道家宗師老子所說的，「聖人無常心，以百姓心為心。」簡單的說，就是政策的好壞，不僅不是基於從政者的個人利益，甚至還不能由從政者的價值觀來判斷，而必須去考慮百姓的感受與觀點。

在《海賊王》的世界中，最明顯做到這點的，則是大將藤虎。他在多雷斯羅薩本有機會運用重力果實的能力，殲滅大批海賊。這原本就是他的工作，也符合他的價值觀。但是，由於這群海賊擊敗多佛朗明哥而解救整個國家，人民為了感謝他們，假裝想要打倒海賊，紛紛跑向他們的所在地，藉以掩護海賊們離開。藤虎雖是個瞎子，但卻具有見聞色霸氣，能夠洞悉這些人們內心真正的想法，於是，他放下自己的堅持，臣服於人民的聲音。這是仁

者的表現。

愛

　　愛有許多種類，無私之愛的極致是白鬍子，白鬍子的愛是沒有條件的，只求付出而不求回報。但他的愛只針對被他視為兒子的海賊伙伴們，並非能夠普及的兼愛。若要談兼愛或是博愛，《海賊王》的世界中，似乎沒有這樣的人。唯一或許比較接近的，是能夠愛敵人的人魚島王妃。即使被暗殺，也不要任何人為她去報復。

　　在愛情方面，最濫情的應該算是香吉士，所有美女都對他造成相當程度的吸引力。而且他的濫情也包含了好色，他的夢想除了找尋 All Blue 之外，還有另一個夢想就是吃下可以隱形的透明果實，這樣就可以滿足他偷窺的欲望。這個願望倒是提早完成了，但不是透過惡魔果實，而是他的原生家庭杰爾馬王國的科學力量。除了濫情與好色，優點在於他非常尊重女性，絕不傷害女性，甚至也會保護不認識的女性。就像在前往圓蛋糕島的路上，他在賓什莫克家族裡與兄弟們一同用餐，二哥尼吉士嫌料理不佳，將盤子丟向女主廚，他立刻前去救援，並且怒罵二哥「連人渣都不如」。

　　然而，這個特質，也成了他與敵人對戰的主要弱點。像是在司法島對抗 CP9 的唯一女性卡莉法時，以及在鬼島對抗屬於飛

六胞幹部的黑瑪麗亞時，都因對手是女性而戰敗。

　　但若從愛情的專一性來說，仔細想想，最令人印象深刻、最至死不渝，而且最令人意外的角色，可能要算是索隆了。索隆在幼時結交的小女友過世之後，除了在遇見和女友長相相似的達絲琪的少數劇情裡產生一些感情糾葛之外，幾乎完全沒有任何愛情方面的描述，不但化身為冷酷武士，不再注意別的女人，甚至在和之國與第一美女花魁小紫同行也完全不為所動。他一直帶著女友的刀，屬於大快刀二十一工之一的「和道一文字」，以及他們的共同夢想：「我們兩人，一定要有一個成為世界第一劍士。」踏上生命的旅途，至死方休。這種海枯石爛，至死不渝的真情，可以算是最理想的典範。或許，可以與之媲美的，將會是七武海之一的女帝波雅・漢考克，她一生中僅唯一對魯夫產生愛意，即使對方無意，也一樣全心全意付出，難以撼動。

信

　　在《海賊王》的世界中，「信用」「誓約」是很重要的觀念。魯夫和紅髮傑克約好，一定要成為大海賊，並將草帽還給紅髮。這個約定，也成了他努力的一個重要方向。

　　惡龍海賊團船長和娜美約定一億貝里可以把村子賣還給她，並且強調，「和錢有關的約定，我是一定遵守的。」最後，當娜美存夠了錢，他卻向互相勾結的海軍告密，讓那些錢被海軍沒

收。雖然，他表面上並沒有違背約定，但這卻是鑽漏洞的行為，不能算是守約的做法。

最感人的約定是布魯克與鯨魚拉布之間的誓約。他說他一定會回來找拉布，就一直企圖要完成這個約定，即使海賊團全滅了，只剩下他一個骷髏頭的身軀，他也堅持要克服各種難關來履行這個約定。即使面對的只是一隻動物，也絕不失信用。

另一種「信」稱之為「信賴」。我們實際上不可能有絕對的把握可以信賴他人，任何人都有可能成為損友、叛徒。在這樣的基礎上，信賴他人就不可能是完全理性的，必須承擔風險，於是願意這麼做，或自然能這麼做，就成了一種德性。

在《海賊王》的世界中，伙伴們互相信賴，才能發揮最大的力量，不僅相信伙伴不會背叛，也相信他們的力量。在鬼島上，香吉士被黑瑪麗亞抓住，黑瑪麗亞想要利用他的求救引出羅賓。香吉士照做了，羅賓也被引來了。黑瑪麗亞還有點驚訝怎麼香吉士這麼容易就投降背叛伙伴。但她誤解了。因為，香吉士之所以會照做，並非貪生怕死出賣伙伴，而是他相信羅賓的力量足以打敗黑瑪麗亞，而羅賓也由於知道自己被信賴而心存感激。

義

「義」主要在於義氣。魯夫和艾斯是結拜兄弟，他們互相可以為了救對方，而身陷危險之中，甚至犧牲生命也不改變。這是

214

兄弟之義的表現。而後來出場的革命軍薩波也是一樣。

　　然而，在《海賊王》的世界中，最講義氣的，大概算是Mr.2 馮克雷的朋友之義。他和魯夫原本就很志同道合，但由於身處敵對陣營，成了敵人，但敵方陣營瓦解之後，就馬上又成了朋友。而且兩次為救朋友脫險而讓自己被海軍捉住。尤其在逃離大監獄時，若沒有他的犧牲殿後，假扮典獄長命令打開大門，眾人就不可能有機會離開了。這種義舉，即使在我們的世界中，也是很難見到的。

和

　　「和」的特質在於與人相處融洽，不易產生衝突，甚至可以不念舊惡，包容異己。魯夫應該是這種特質的典範人物。尤其在不念舊惡方面，他常常和過去的敵人成為朋友，像是羅賓與船匠佛朗基都原本是敵人，後來卻變成了伙伴。

　　他的個性隨和，幾乎不會和任何伙伴起衝突，即使因為做錯什麼事或說錯什麼話被打被罵，也都不會生氣，這導致這艘船上一團和氣，這是一種絕佳的領導人性格。相較於大多數其他海賊船船長的高壓統治來說，這種以「和」為本的領導風格，形成了一股絕佳的冒險與奮鬥的氣氛。

　　當然，這並不表示他是最佳領導人。因為他缺乏許多領導人該有的特質與能力。像是從不按照計畫行事就讓人很頭痛了。

平

平，是一種平心靜氣的修為，不易發怒，不躁進，處世悠遊自在，無為而治。能達到這種境界，通常須有大智慧，在歷經大風大浪之後，隨遇而安的閒暇心境。在《海賊王》的世界裡，典範人物是冥王雷利。

他沒事就到處閒逛，居無定所，哪裡舒服就窩哪裡，哪裡開心就哪裡去。不小心賭博輸光了就把自己賣掉當奴隸，然後再偷偷溜走。想做什麼就去做什麼，是勝是負，是成是敗，都不在意，只要開心就好。這種道家般的心境，是幸福人生的最重要德性之一，但要練就這種德性，實在非常人所能企及。

除了上述這些德性之外，在《海賊王》的世界中，仍然有許多典範值得參考與學習。像是紅髮傑克，他身為新世界海域裡的四皇之一，有著難以衡量的強大力量，但卻不會隨便發怒，連挑釁的山賊把酒潑在他臉上，也不動怒，還能幽默面對。這種胸襟，實在令人嘆服。

當人們具有各式各樣的德性之時，自然而然會給生活帶來許多的樂趣，以及避免許多的不愉快。就像亞里斯多德所認為的，德性是幸福的來源。而強調德性的儒家，則認為德性可以帶來美好的社會。那麼，無論是為了自己、或是為了他人、甚至整個社會，德性都是值得追求的內在能力。

哲學小教室

德性

「德性」指的是一種內心的品質，跟一般談論的「道德」不太一樣。日常生活中在講道德時，通常是在說「遵守道德規範」，也就是要求自己或是別人去做一些被道德觀認可的行為，或是不去做那些被道德觀反對的行為。像是讓座給老弱婦孺、不亂丟垃圾，或是愛護公物。

然而，這些都不是我們所說的德性。德性可以說是一種會自然而然做出道德行為的心靈性質，像是具有「寬恕」德性的人，會自然而然原諒他人的過錯；具有「勇敢」德性的人，在面對自己該做但卻恐懼面對的時候，可以除去（或至少降低）恐懼的影響力；而「仁心」也是一種德性，這樣的德性會讓我們自然而然關心他人，產生同情心，並且去幫助別人。

德性可以自發而形成道德行為，不需勉為其難的遵行道德法則。所以，缺乏德性而單純遵守道德規範的人，由於經常在勉強自己，通常並不快樂，而且會自然而然認為別人也應該和自己一樣遵守，把遵守道德視為一種犧牲，既然自己已經犧牲，如果別人不一起犧牲，就是被佔便宜，因而會很憤怒，所以，常常會對別人賦予很高的道德要求。

有德性的人，由於自己喜歡這樣做，通常就不太在意別人是否跟

進，也就少了很多憤怒的心情，而且容易受人歡迎。不同的德性，會讓人在不同的面向裡，欣賞這個人。容易原諒別人的人，會有更好的人際關係；喜歡幫助別人的人，會有更快樂的人生；勇敢的人，能夠克服更多的心理障礙；有正義感並且會去捍衛正義的人，容易受人尊敬。這也無怪乎，許多哲人紛紛指出，德性是獲得幸福人生的重要途徑。所以，想要追求幸福，最直接且最重要的，並不是追求財富、名望，以及權勢，而是培養德性。

海賊王的哲學課【暢銷新版】

夢想、正義和人生的偉大航道
（初版原書名：海賊王的哲學課：正義、夢想和人生的偉大航道）

作　　　者　冀劍制
裝 幀 設 計　黃昀嘉
內 文 排 版　曾玉芳
業　　　務　王綬晨、邱紹溢
編 輯 企 劃　劉文雅
主　　　編　王辰元、賀郁文
特約總編輯　趙啟麟
發 　行 　人　蘇拾平

出　　　版　啟動文化
　　　　　　台北市105松山區復興北路333號11樓之4
　　　　　　電話：（02）2718-2001　傳真：（02）2718-1258
　　　　　　Email：onbooks@andbooks.com.tw

發　　　行　大雁文化事業股份有限公司
　　　　　　住址：台北市105松山區復興北路333號11樓之4
　　　　　　24小時傳真服務：（02）2718-1258
　　　　　　Email：andbooks@andbooks.com.tw
　　　　　　劃撥帳號：19983379
　　　　　　戶名：大雁文化事業股份有限公司

二 版 一 刷　2022年11月
定　　　價　450元
I S B N　978-986-493-132-3

國家圖書館出版品預行編目 (CIP) 資料

海賊王的哲學課：夢想、正義和人生的偉大航
道 / 冀劍制著 . -- 二版 . -- 臺北市：啟動文化出
版：大雁文化事業股份有限公司發行, 2022.11
　面；　公分
ISBN 978-986-493-132-3(平裝)

1.CST: 哲學 2.CST: 通俗作品

100　　　　　　　　　　　　　　　111013814